Travel Classics Library

探險與旅行經典文庫

07

U0003093

馬可孛羅

植村直己
Uemura Naomi

陳寶蓮——譯

極北直驅

極 北 に 駆 け る

導讀

極北直驅

當我們驅車來到阿拉斯加中部的丹納里國家公園（Denali National Park），時間已經是過午，天空還滴滴嗒嗒下著連綿不斷的小雨……。

等我們完成旅店的住宿登記，並在公園巴士服務處花了一番口舌才確定了第二天的訂位之後，時間已接近晚餐辰光，天色更是露出一種詭異的陰沉暗霾的灰黑顏色。公園出口附近的餐廳選擇不太多，有幾家好像是被荷美遊輪公司（Holland American Cruises）的團體遊客包走了，而我們看中的一家餐廳竟然已經排起了長長的隊伍。就在等待餐廳位子的隊伍行列中，我們看見淅瀝小雨的形狀與顏色彷彿逐漸起了變化，凝神一望，真的，雨滴轉白，下降速度變慢，落地前好像跳舞一樣，真的是下雪了，而這正是真夏的七月二十八日呢。

這就是美國最後的邊陲：阿拉斯加。即使是盛夏時分，天氣也是說變就變。早上啟程時天氣還是藍天高掛、萬里無雲，更兼涼爽宜人，馳騁在幾乎鮮少車輛的高速公路上，你就感覺到阿拉斯加與其他地方完全不同的比例與規格，群山的距離，道路的寬敞，平地的開闊，甚至是藍天與白雲的高遠，都讓你感覺到自然大地的巨大尺寸，以及個人存在的微不足道。

從資料上看丹納里國家公園也是驚人的，面積二萬四千五百八十五平方公里（超過六百萬英畝的土地），接近整個台灣的七成大小；當中只有一條未鋪裝的泥土路，像絲帶一樣在公園中綿延一百四十四公里。國家公園與自然保護區不允許一般私人車輛進入，你只能登記預定每日一定容量的導遊巴士，或者你也可以申請徒步入園並自行露營的執照，那當然危險得多了。

第二天我們乘小巴士入園，天氣已經變好了，雖然地上的積雪還未融化，空氣也還冷冽刺骨，但陽光已經露臉了，視野廣遠遼闊，可以遠眺群山起伏。遠方壯觀的山脈，應該就是縱貫阿拉斯加中部的阿拉斯加山脈（Alaska Range）。其中一座高高聳立的巨大白色山峰，正被朝陽照耀得金碧生輝，果然臨時被找來充當自然導遊的女駕駛就指著它說：「看哪，那就是麥金利峰，北美洲的最高峰。」

這當然也是我此行的目的之一，從遠處「觀看」這座海拔六千一百九十四公尺的北美洲第一高峰麥金利（Mount McKinley）。——從前我看到高山就想登頂，後來年齡漸增體力漸衰，慢慢覺得從遠方眺望也就可以了。——美國登山者常愛說，麥金利峰比喜馬拉雅山的埃佛勒斯峰（Mount Everest，或稱珠穆朗瑪峰）更崇高壯麗，因為珠穆朗瑪峰的基座是將近六千公尺的喜馬拉雅高原，而麥金利峰則從七百公尺左右的基座丹納里山脈直拔雲霄，看起來或爬起來都高遠得多。

但即使是遠眺美麗的麥金利峰，對我這位大部分時間都在做一個「讀者」的人而言，心情也是複雜的。麥金利峰以氣候、山況多變聞名，是出了名的「殺手」，一流的登山者在這裡失足的不少，愛讀強·克拉爾（Jon Krakauer）的書的人，應該讀過登山高手對這座山的殘酷描述。而在諸多葬身麥金利雪峰的名人當中，日本探險家植村直己（Uemura Naomi, 1941-1984）是我目睹山峰真面目這一刻，最令我覺得感傷的人。

植村直己生也晚，當他有志於做一位大探險家時，探險時代已經大致上是過去式了。植村在一九六〇年進入明治大學，參加了登山社（日本人稱為山岳部），剛剛成為登山界的新人，但世界最高的珠穆朗瑪峰已在一九五三年由紐西蘭人艾德蒙·希拉瑞（Edmund Hillary, 1919-）和雪巴人嚮導丹增（Tenzing Norgay, 1914-1986）成功聯手登頂了。而當植村一九六七年初訪格陵蘭（Greenland）思索極地新探險的可能性時，距離世人矚目的北極、南極探險競賽完成的一九〇九年與一九一一年，也已經過了半個世紀了。

儘管有點不合時宜，但植村直己仍然以他極獨特的個人風格（害羞、敏感、喜歡孤獨），成為二十世紀幾位最偉大、最受尊敬的探險家。特別是對於二次大戰後亟需重建信心的日本人，植村的勇氣與成就，大大地振奮了同世代以及後來的日本年輕人。

在探險史上，植村創造了好幾個第一，其中尤其以他獨特的「獨自一人」的探險風格最為人稱道。生於日本兵庫縣的植村直己，真正開始他的「探險生涯」也許要從一九六六年算起，這一年，他在歐洲最高峰白朗峰（Mont Blanc, 4807公尺）獨自登頂成功，隨即又一人登上高難度的馬特杭峰（Matterhorn, 4,478公尺）。然後他乘船到非洲，先登上五千一百九十九公尺的肯亞山（Mount Kenya），再獨自登上非洲最高峰吉力馬札羅山（Mount Kilimanjaro, 5,895公尺）。這一系列成功的登山行動，後來造就他成為史上第一位登上五大洲最高峰的登山者，也突顯了他後來的行動特色，對於那些其他人習慣團隊完成的探險行動，他卻傾向於一個人孤獨完成。

一九六八年，他出發到南美洲，獨自完成南美最高峰阿空加瓜山（Aconcagua, 6,962公尺）的登頂，隨後他又用了兩個月的時間，獨自一人完成亞馬遜河六千公里的木筏溯源之旅。同年他本來想繼續前往美國，嘗試麥金利峰的攀登，但因為美國不肯發給他獨自登山的許可而放棄。

經過這一連串的探險行動，植村已經成了日本山岳活動的英雄，一九七〇年日本再度籌組珠穆朗瑪峰登山隊時（前一年日本剛組過一次不成功的行動），就爭取他成為隊員。植村也不負眾望，他和同隊隊員松浦輝夫兩人負責攻頂，在五月十一日成功登上珠穆朗瑪峰，成為第一位登上世界最高峰的日本人。完成珠穆朗瑪峰的登頂之後，植村再次前往美國挑戰獨自登頂麥金利峰，那是同一年八月二十六日的事，而植村也同時成為世界第一位曾經登上五大洲最高峰的人。

完成五大洲高峰之旅，植村直己開始把眼光轉向極地探險，為了練習南極大陸的橫斷探險，一九七一年他試著從日本頭走到日本尾（從北海道的稚內走到九州的鹿兒島，因為距離和橫越南極洲相似）；一九七二年他又移往格陵蘭北端與愛斯基摩人同住，希望熟悉狗與雪橇的操作，並學習愛斯基摩人的極地生活智慧，也是為了後來的探險做準備。

一九七三年，植村在格陵蘭獨自駕駛狗雪橇往返三千公里旅行成功。一九七六年，他再接再厲獨自駕狗雪橇繞行北極圈一萬兩千公里。一九七八年，經過前面多次嘗試與努力，植村終於駕狗雪橇獨自一人到達北極極心，成為歷史上完成此一壯舉的第一人。植村直己從此不再是日本人的探險英雄，他是世界性的人物了。

植村寫書很遲，一九七一年他的處女作《我把青春賭給山》出版，記錄他多彩多姿的登山生涯，從大學時期的自卑寫到世界最高峰的登頂，他的熱情浪漫，以及說故事的能力立刻風靡了全日本。極地冒險之後，他又出版了他的「極地三部曲」的代表作，一是記錄他格陵蘭三千公里雪橇之旅的《極北直驅》（1974），二是《北極圈一萬二千公里》（1976），三是《北極心格陵蘭單獨行》（1978）。三本書共同燃起了日本全國上下瘋狂的探險熱，也鼓舞了日本年輕人對冒險的大膽夢想，以及對理想的勇敢追求，影響至今不衰。

一九八二年，植村想完成他以狗雪橇獨自一人橫越南極大陸的終極夢想，結果英國與阿根廷的福克蘭戰爭正巧同時爆發，他人雖然已經抵達南極大陸，卻苦等不到阿根廷軍方本已允諾的援助，他在南極陸地獨自度過冬天，但未能進行破紀錄的橫跨大陸壯志，失意而返。一九八四年，他試圖獨自一人完成冬季登頂麥金利峰的高難度冒險，二月十二日他在自己的四十三歲生日當天登頂成功，二月十三日他與外部最後無線電通訊之後，再也沒有蹤影，沒有人知道他發生什麼事……。

此刻我看著麥金利山峰泛著金色陽光的雪白頂蓋，沉默安靜，彷彿什麼事也不曾發生，我想著讀過的植村留下來的情熱之書，忍不住想著：「植村先生，那裡會冷嗎？」

『目次』

第三部　和愛斯基摩人共度狩獵生活

第四部　我的雪橇訓練計畫

第一部
發現極北愛斯基摩人

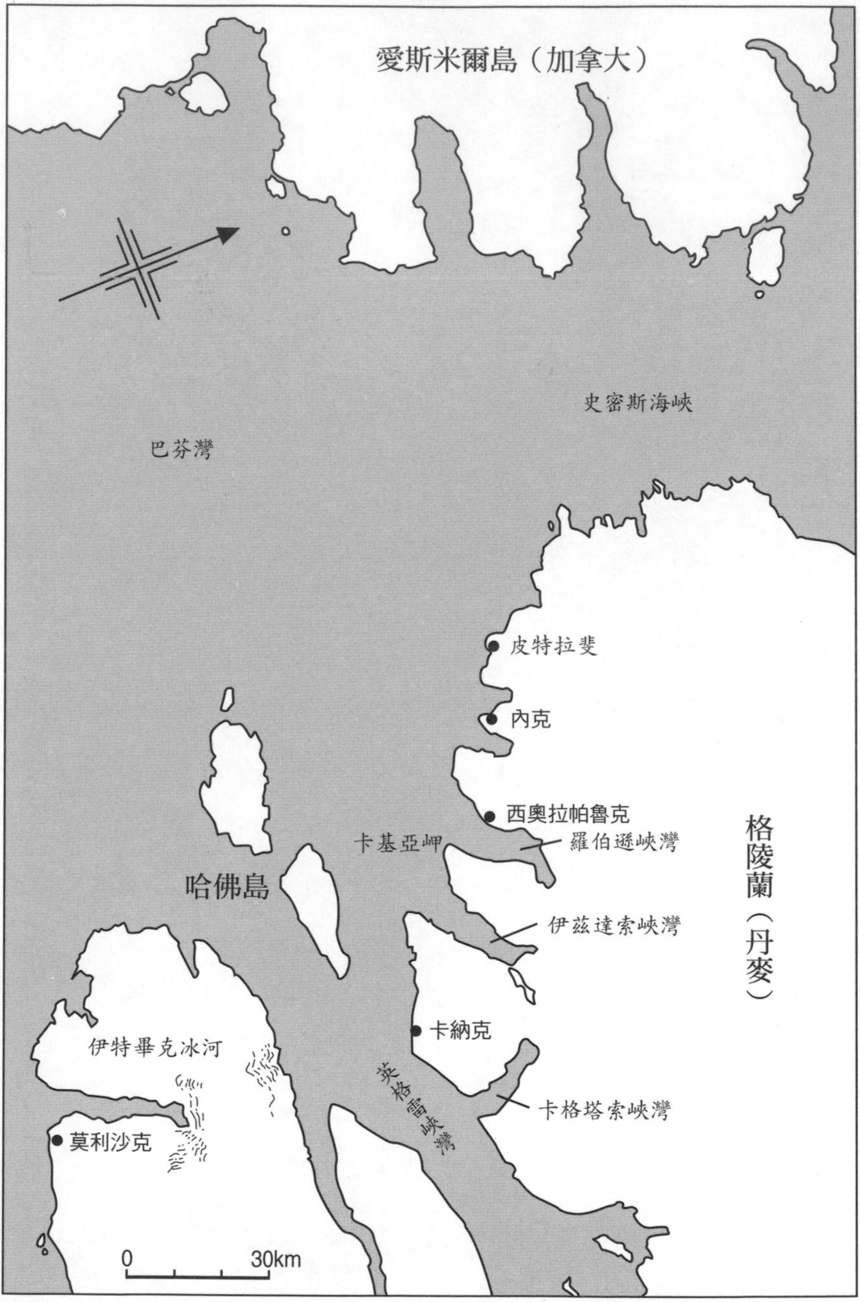
愛斯米爾島（加拿大）
史密斯海峽
巴芬灣
皮特拉斐
內克
西奧拉帕魯克
卡基亞岬
羅伯遜峽灣
格陵蘭（丹麥）
哈佛島
伊茲達索峽灣
卡納克
伊特畢克冰河
英格雷峽灣
卡格塔索峽灣
莫利沙克
0
30km

西奧拉帕魯克周邊地圖

第一章

極北的愛斯基摩部落

一九七二年九月十一日，我搭乘的五公尺長燒球式柴油引擎小船，引擎聲悶悶地從大西洋駛過通往北極海的史密斯海峽（Smith Sound），航向西奧拉帕魯克（Siorapaluk）。格陵蘭（Greenland）內陸流出的冰河猛烈下墜形成的峽灣①水色黑沉，雪白的冰山點點浮在其上。極寒之海。掉下去大概不要一分鐘就會一命嗚呼。我們的生命寄託在伊米那老人的操舵技術上。老人穩穩坐在船尾，一邊用腳操舵，一邊張著缺個門牙的大嘴，指著差點撞上船身、正慢慢遠退的冰塊給我看。

望著微波不興的藍黑色海上一個接一個出現的冰山，原先那份不安不知不覺消失了。聳立海面的冰山有如山峰、長桌，各式各樣。山型的冰山頂有些壯觀如聖母峰（Mt. Everest），有的則像一根垂直的冰針，冰壁陡峭直落海下，引不起征服過世界各地高山的我的興趣。但我還是習慣性地想著，如果那是真的山，該選甚麼攀爬路線？右壁花費的時間較少，但繞個大彎攀登左壁或許安全些。那個突出的懸崖如果不打進螺旋冰錐，恐怕支撐不了我六十公斤的體重吧！

我邊想邊用目光攀登冰壁，時間倏忽即逝，離開圖勒（Thule）已經四個小時了。

時間是下午七點半，太陽大幅傾向西邊的天空，不時沒入冰山之間不見蹤影。現在氣溫幾度？我穿著羽毛衣，還是冷得發抖。手塞在口袋裡仍然凍僵。我和同船的愛斯基摩小孩玩假裝落海的遊戲。如果不這樣動動身體，受不了這份寒凍。

陽光從側面照過來時氣溫更低。太陽已沉到水平線，冰山被夕陽染紅。孩子們的臉，還有視線一和我相對就咧嘴而笑的伊米那的牙齒也被夕陽染紅。

這艘燒球式柴油引擎小船的速度和我們快步走時一樣，時速最多十公里。船頭衝破的浪和倒映海面的冰山影子層層疊疊消失而去。

我緊裹著羽毛衣不斷摩擦身體時，伊米那笑著大聲說：「伊康那特……。」我完全不懂他在說甚麼。他是在跟我說話嗎？雖然不明白，我還是回他一笑。他又吼著：「伊康那特，日本人！」

果然是跟我說話。前面那句我聽不懂，但後面那句是「日本人」沒錯。大概是提醒我別掉落冰冷的海裡吧！我倚近船中央的桅竿，再向他笑笑。他於是停下踩舵的腳，靠到我身邊。他縮著脖子、放低身體做出發抖的樣子後，又說一次「伊康那特」。原來「伊康那特」是「冷」的意思。我用力點頭，照說一遍，誇張做出很冷的樣子，他便露出滿意的笑容回到船尾。

右手邊望見格陵蘭黑沉沉的土地。沿岸山脈戴著冰帽，山勢急陡切落海面，岩壁不長半點植物，只是黑黝黝的身影盤據在那裡。出發已經六個小時了，岩石嶙峋的海岸不見任何人影。這裡別說是人，連動物也沒有。白天飛舞頭上的海鷗此刻也不見蹤影。突然，眼前的冰山景觀為之一變。冰帽還染著夕陽餘暉的山下台地，火柴盒般房舍點點散落的村落躍入眼簾。房屋前蠕動的人影看起來像螞蟻。那是世界最北的愛斯基摩人部落：西奧拉帕魯克。這個我將生活一年的極北部落裡會有甚麼樣的事情等著我？我抱著期待與不安交織的複雜心情，凝視那漸漸變大的西奧拉帕魯克村。

【注釋】

① 峽灣（fiord）：海水湧進冰河侵蝕形成的U字型河谷而造成的細長型峽灣，水深通常比鋸齒狀的溺灣深。

第二章

初食生肉

隸屬於丹麥的格陵蘭是大西洋和北極海之間全世界最大的島，面積是日本的六倍。島上夏天氣溫也在零下十度，整座島幾乎是屬於北極圈的極寒之地。我來到島北的愛斯基摩部落，是為了確定將來橫越南極大陸計畫的可行性。

從一九七〇年八月單獨登上阿拉斯加的麥金利山（Mt. McKinley，六一九四公尺）那天開始，我便開始醞釀單獨駕駛狗拉雪橇橫越南極大陸的夢想。在那之前，我的目標是單獨攀登五大陸的最高峰。除了一九七〇年五月聖母峰（八八四八公尺）登頂不是單獨行動外，我陸續登上非洲的吉力馬札羅山（Mt. Kilimanjaro，五八九五公尺）、歐洲的白朗峰（Mont Blanc，四八〇七公尺）、南美洲的阿空加瓜山（Mt. Aconcagua，六九六二公尺）等峰頂，而麥金利山的登頂成功，等於完成所有目標。之後，我便著了橫越南極的魔。我徒步縱走日本列島三千公里，也是為了實際用腳測量三千公里的距離感。我也前往南極偵察。現在，我只要具備必需的技術和適應極地特殊嚴寒氣候的能力，這個夢想中的計畫並非不可能。

我計畫到格陵蘭最北的愛斯基摩人部落西奧拉帕魯克生活，想在這裡適應極地氣候和學會駕駛狗拉雪橇的技術。

有人認為，要練習駕駛狗拉雪橇，也可以在冬天的北海道利用卡拉夫特犬進行。但是在北海道，狗拉雪橇並不是生活必須的交通工具。即使卡拉夫特犬具備雪橇犬的能力，但這種已習慣主人摸頭、被當作寵物飼養的狗，在緊急時期派不上用場。如果不是從小就餓得眼睛充血、禁得起鞭打棒揍的愛斯基摩犬，根本別指望牠會乖乖聽命拉雪橇。而且我認為，進入極地的愛斯基摩部落和他們一起生活，是最好的學習方法。

最後殘存的愛斯基摩部落

極地的愛斯基摩人分布在北極海沿岸的西伯利亞、阿拉斯加、加拿大、格陵蘭等地。有的因為主食是馴鹿（caribou）而稱為馴鹿人，有的因為居住的地名而稱為柯帕人、馬肯吉人等。我從中尋找適當的地點做我的訓練基地。

西伯利亞是蘇聯領地，資料不易獲得，也很難找到還使用狗拉雪橇的愛斯基摩人。就算找到了，是否獲准在那裡生活也是問題。至於阿拉斯加和加拿大，那裡的愛斯基摩人已經文明化。阿拉斯加首府安克拉治（Anchorage）周圍的愛斯基摩人有不少生活水準比日本人還高。白令海峽（Bering strait）邊緣的愛斯基摩人雖然還有狗拉雪橇，但那都是賺取觀光客小費的道具，不可能達成我的訓練目的。而我們常在照片中看到的加拿大愛斯基摩人的「igloo」（雪屋），早已不供人類住宿，只是用來拍照而已。

正當我找得不耐、想要放棄這個計畫時，偶然獲知，格陵蘭最北端還住著大約六百個純粹的愛斯基摩人，他們和某種程度文明化的南部格陵蘭人不同，還過著冬天駕著狗拉雪橇獵殺海豹、海象的狩獵生活。他們住在圖勒地區，是極北愛斯基摩人（Polar Eskimo）。圖勒地區比日本在南極設置的昭和基地還更接近極點。不只是狗拉雪橇訓練，在適應極地氣候的意義上，沒有比這裡更恰當的地方了。我決定以圖勒地區的西奧拉帕魯克做為生活之地，因為那是距離北極點一三〇〇公里的世界最北的愛斯基摩人部落。

我自己是想得很美，但是他們孤立的社會願意接納異國人的我嗎？因找到理想地而高興的同時，一股不安也隱隱升起。

初進西奧拉帕魯克

一個星期前的九月四日，我首度踏入西奧拉帕魯克村。我希望在進入實際生活以前，親眼看看這個部落，找到一個暫時讓我棲身的人家。

那趟偵察行坐的是丹麥政府每年夏天冰融時期開往圖勒地區一次的物資補給船。這艘船送去圖勒地區愛斯基摩人部落所需的生活補給物資，回航時帶走愛斯基摩人捕獲的海豹皮、北極狐毛皮等。我一心想去西奧拉帕魯克，但是語言、風俗習慣完全不同的他們，會接受毫無淵源的我嗎？我的不安加深。甚至心想，萬一被拒，我乾脆在部落附近挖個洞獨自生活算了。但如果連這個也被拒絕的話——屆時，我的南極計畫將大幅修正。

西奧拉帕魯克村就在岩山起伏和緩的海岸上。岩石散見的平地上坐落著二十間火柴盒似平房。船開始卸貨。起重機先把貨卸在空汽油筒綁在一起做成的浮船上，愛斯基摩人再用繩子把船拖到岸邊。我隨貨下到浮船上。岸邊聚集了四、五十個愛斯基摩人，拉著繩子興奮地吆喝。浮船逐漸靠岸，孩子們歡欣鼓舞，在岸邊繞來竄去。煤、石油、食物、衣料，還有狩獵工具……，都是他們盼望了整整一年的補給物資。

可是我和他們的興奮正好相反，心裡充塞按捺不住的不安。我的僅有希望繫於那些幾乎和日本人無異的臉上。

歡呼聲更響亮，載著貨而加深吃水的浮船停在岸邊。愛斯基摩人在浮船和岸邊之間架上兩條跳板，一起擠上浮船。從拖著兩條清鼻涕的三、四歲小孩，到穿著又黑又髒、恐怕已有幾十年歷史的北極熊毛皮褲的拄杖老人，全都站在貨包上面大聲歡呼。他們只瞥一眼穿著登山靴、羽毛衣的我，沒有甚麼反應。浮船上擠滿愛斯基摩人，他們完全無視於我的存在，我繼續站在上面也無意義，於是下船上岸。

身體已習慣搖晃不定的浮船，站在西奧拉帕魯克的堅硬土地上，有種異樣的感覺。漆成紅褐色的火柴盒房子前，狗縮著身子在睡覺，看起來像死了般。掛在木框架上的黑色塊狀物是海豹肉還是海象肉？我沒有特別準備食物。為了完全融入愛斯基摩人的生活，我不能獨自吃不同的食物。但是，我真的吃得下這像澆上機油的黑污污生肉嗎？黑油滴落的地面有一坨像人糞的東西。我曾經打算，如果找不到願意接納我的人家，就在地面挖個洞自己生活。但我很快就知道這想法太過天真。我在岸邊閒晃，找尋適當的地方，隨腳一踢，地面的石頭居然文風不動。這地面凍得相當堅硬，鏟子之類的工具可能絲毫不起作用。這下，勢必要找一戶人家借住不可。

頭一次和愛斯基摩人一起工作

眾人開始搬貨。貨包一袋一袋從愛斯基摩人的背上卸到地上，岸邊漸漸堆起一座貨物小山。和愛斯基摩人素昧平生的我，不能錯過這個機會。藉著搬貨，或許能逮到某個機會。我走過狹窄的跳板踏上浮船。

愛斯基摩人比中國人更像日本人。他們身高很矮，約一六〇公分左右，圓臉、黑髮、黃皮膚，說他們是日本人也不會令人覺得奇怪。但是搬貨這事，他們顯得很吃力。年輕人不過扛著三十公斤的貨，卻走得踉踉蹌蹌。我後來才知道，他們根本沒有扛著重貨行走的習慣。他們在極寒之地過著狩獵生活，視覺、聽覺和嗅覺極其發達，並不特別需要扛著重物行走的能力。而我，正好是習慣在高山上扛貨行走的人。三十公斤的貨物對我來說輕而易舉。我一個人扛著兩個愛斯基摩人要搬的貨，輕鬆走過三十公分寬的跳板。

這似乎激起了年輕人的競爭心。他們咬著牙走過跳板，一上岸就把肩上的煤袋往下一扔，整個人翻轉在地。我哈哈大笑，他們也摸著頭傻笑。這失敗時摸頭傻笑的動作和日本人一樣。兩個穿著長靴的女人用根木棒挑著一綑貨包。我也加入挑貨行列，和一個滿臉皺紋的老婆婆搭檔挑貨。我盡可能讓貨包靠向我這邊，以減輕她的負擔。

第一趟貨卸完後，浮船回到補給船邊，愛斯基摩人好奇的眼光投向我。我和他們搭訕，當然是比手畫腳。但他們只是笑嘻嘻的沒有反應。小孩子靠近我一步又後退一步，伸出手又立刻縮回手。我以為幫忙搬貨就會得到他們的接納，似乎有點天真。面對沒有我預期反應的愛斯基摩人，我有點焦慮。再搬幾趟貨後，這艘船就要離開西奧拉帕魯克了。我必須在這幾個小時內找到肯和我一起生活的愛斯基摩人。

這時，我想起兩年前去烏洛斯族部落的情景。

烏洛斯族屬於印第安人，生活在橫跨南美洲玻利維亞和智利之間的蒂蒂喀喀湖（Titicaca）浮島上。他們在這高度三八〇〇公尺的湖上，以浮島的蘆葦搭建簡陋住屋、捕食湖魚維生。大人對觀光客投以冷漠的視線，小孩面對著照相機，左手遮臉、右手伸出，喊著：「錢、錢。」我雖然也帶著照相機，卻無意按下快門。

文明人究竟是甚麼？整天被時間追趕，呼吸噪音夾雜灰塵的空氣，擠進觀光巴士到同一地方，對著同樣風景按照相機快門。或許這是文明人藉著捕捉原始生活民族的影像來化解自己身不由己的無奈的補償作用吧！然而在我眼中，烏洛斯族這種自由的生活方式太棒了。就算只有幾天也好，我想融入他們的生活中。因此，我不能以觀光客的態度面對他們。黃昏時，我告別其他白人觀光客，雇了烏洛斯的船夫，單身進入他們的部落。我也有心理準備，搞不好可能露天野宿，因此沒忘記在湖畔的小店買條羊駝毛毯。

太陽已經沉落，高度三八〇〇公尺的蒂蒂喀喀湖像鋪上薄冰般寒凍。印第安人用狐疑冷淡的眼光迎接我。隔著七、八公尺的距離，眼光充滿了嫌惡。我一步、一步地走著，浮島上令人不舒服的聲音起起落落。這裡只有烏洛斯人。要是趁黑被人丟進湖裡，那就玩完了。於是我很認真地告訴他們：「我絕對不是奇怪的人，也不是來拍照片，只是想和你們做朋友，所以一個人來。」

我懷疑這意思能傳達多少出去？儘管我說得認真，大人還是逕自回家，我身邊只剩下一堆小孩。小孩總是比大人多些好奇心。我心想，得好好利用這些小孩。

我先收集枯萎的蘆葦葉編成繩子。小孩眼睛發亮，凝視我的手。包圍我的小孩圈子漸漸縮小。我甩著約有兩公尺長的繩子開始跳繩。地面軟塌塌的不好跳。但是小孩子看得入神。這也不無道理。對他們來說，穿著乾淨整齊的衣服、胸前掛著照相機、會丟錢給他們的外國人，黃昏時又一個人來到部落，玩他們從沒看過的跳繩，的確稀奇。當我腳勾到繩子摔倒時甚至引發他們的笑聲。我心想，再加把勁就成了。我一邊窺探屋子裡大人的反應，一邊讓兩個小孩拿著繩子、教他們用力甩，我再跳進繩圈裡面。

一個小孩學我的動作跳進繩圈裡，其他小孩也跟著跳。他們已經忘記我是外國人，玩得出神。受到孩子歡呼聲的吸引，大人紛紛現身，笑咪咪地看著專注在這奇怪遊戲裡的我們。原先的尖銳冷漠視線已經不見了。

此刻，被圍在西奧拉帕魯克愛斯基摩人中間的我，想起了和烏洛斯族交往的經驗。比起烏洛斯人，這裡的愛斯基摩人更親切。他們沒有烏洛斯人一開始的帶刺冰冷視線，大人小孩都是笑呵呵的。我開始做起體操。

「來！打起精神、盡情伸展四肢吧！一、二、三、四，二、二、三、四……。」

他們當然不懂日語，但本來表情愣愣看著我的愛斯基摩人漸漸出現反應。我斜眼觀察，仍然是小孩，悄悄地在我背後學著做，不久就跑到我前面問：「這樣對不對？」我接著教他們固定雙腳互相推扯的臂力遊戲。當孩子們的溫暖感觸傳到我手裡時，我確信已經獲得他們的接納。

生肉的考驗

最先招呼我的是住在隔村的卡辛加，他的父兄都住在西奧拉帕魯克。他帶我去他哥哥家。他一招手，我就乖乖跟著他。我很高興，心想，就算找不到願意暫時收留我的人家，他們也不會拒絕我在這村裡生活吧！放眼望去，到處是半倒的無人居住小屋。看來不需要辛苦挖掘凍土過著原始人的穴居生活了。我非常滿足。

卡辛加帶我去他哥哥柯提陽加的家裡。村人都跟在後面。登上架高在地面的四階樓梯，進到屋裡，眼前一片漆黑。大概是在冰山光亮耀眼的戶外停留太久的關係，眼睛暫時不習慣屋內的黑暗。但是一進門看到的模糊塊狀東西漸漸清晰時，我嚇一大跳。

那是天花板垂掛下來還沾著黑色血跡的肉塊。令人作嘔的血腥臭味沖鼻。約五坪大屋子裡鋪著地板，最裡面擺著床，像是馴鹿皮的毛皮散落各處。窗邊的桌子上沾著血跡似斑點，看來頗恐怖。地板上的桶子裡裝著鳥的腳，森白的骨頭特別醒目。天花板吊著的肉塊滴落不知是血還是油的東西。愛斯基摩人不把血當一回事嗎？我很難把待人和善、總是笑咪咪的愛斯基摩人和血連在一起。

我想起彼德．福爾根寫的《愛斯基摩之書》。書中寫到愛斯基摩人在饑荒時會吃人肉。我在西奧拉帕魯克生活一段時間後，知道這是事實。因為一個小孩拍著大腿告訴我：「爺爺說人的肉這邊最好吃。」不過兩個世代以前，這地方還有吃人肉的風俗。我望著孩子天真的臉，再次感覺自己距離日本是何其遙遠啊！

＊＊＊

「日本人，吃肉嗎？」

卡辛加的聲音喚回我的意識。他從口袋掏出小刀，在小磨刀石上摩擦後，割下一塊黑肉丟進嘴裡。愛斯基摩人無論老少都很會用刀。我接過卡辛加的小刀，有點猶豫。生肉我是可以忍耐，但不知道是甚麼肉，就覺得有點恐怖了。是海豹肉嗎？還是海象肉？搞不好是狗肉。我看著眼前烏亮滴油的肉塊，胃口悶悶的毫無食欲。卡辛加不住地說「傌馬特、傌馬特」（好吃、好吃），還咭掐咭掐咀嚼嘴裡的肉塊。跟著我來的孩子們也同樣手染著血、滋滋有味地吃著。卡辛加勸我「吃啊、吃啊」，我為難極了。他帶我來這裡，是對困處海岸的我表示善意。我如果不接受他的善意，就沒有資格在西奧拉帕魯克生活。看來我是無論如何都得吃這肉了。

我盡量選擇沒沾血的部分割下一小塊。肉塊的觸感像是滑溜溜的鰻魚。愛斯基摩人都笑嘻嘻地看著我，我如果不吃，他們一定很失望。不僅如此，恐怕還會拒絕我在這裡生活。這是我有生以來頭一次這麼嚴肅地面對食物。我戰戰兢兢地把肉片送到嘴邊，不沾唇似用門牙咬著，然後再用刀子切下一小片放進嘴裡。腥臭沖鼻。舌頭一接觸生肉，我的胃立刻產生排斥作用。肉片還在嘴裡，胃已經開始痙攣，胃液倒流。我勉力吞下去。我知道，他們期待我嘴裡吐出的不是肉片，而是一句「傌馬特」。我努力裝出非常好吃的表情，但不知道像不像？

肉片腥得像活泥鰍，我根本沒有咀嚼的餘裕。我索性整個吞下去，霎時，肉片又從胃裡嘔回喉頭。我又吞下去，又嘔出來……。這樣反覆幾次後，好不容易把生肉壓回胃裡。

他們問我「偶馬特？」，我緊咬牙根，按著胃點點頭，他們又說「再吃點、再吃一點」，又割下肉片遞給我，這回是一塊沾滿黑油的肉片。

我好想哭。眼眶已滲出淚水。剛才那片肉在胃和喉嚨間來來去去，好不容易才壓到胃裡，我知道我再也無法多吞一塊肉，肯定會嘔出來。那時，我驚慌的視線落在倒掛在牆上的海豹皮靴。我指著皮靴轉移他們的注意力，迅速把肉吐出來藏在口袋裡。

這極其艱難的生肉考驗，愛斯基摩人給了我及格分數。他們露出滿意的笑容，感覺和我之間已無任何隔閡。於是我比手畫腳表示，想在這裡和大家一同生活一年，學習駕駛狗拉雪橇的技術，希望有家庭願意收留我。……我渾身大汗。我說的話他們能理解多少呢？但是我話一說完，一名老人也比手畫腳地說：「我是一個人住，方便的話就住我那裡吧！」

我高興地跳起來，完全忘掉正為生肉難過的胃，牽著老人的手反覆說「謝謝」。然後坐上補給船，去拿放在鄰村的行李。老人的名子叫伊嘎帕。要是忘記他名字就糟了。我稱他「伊嘎古利爺爺」，深深刻進腦中以免忘記。

第三章

令人驚訝的室內馬桶

「呀咿，日本人！」

伊嘎古利爺爺滿是皺紋的臉堆滿笑容，迎接坐在伊米那小船內的我。

「謝謝你，伊嘎帕。」

我們緊緊握手。伊米那的船把我的行李卸到岸邊，又回到夕陽西沉的海裡。終於要開始我在這愛斯基摩部落一年的生活了。我目送漸漸遠去的小船，興奮得顫抖。

伊嘎帕的房子距離村落中心約一百公尺，孤零零的一間。這五坪大平房是用木板拼湊成，屋頂歪七扭八釘著補給品空箱拆下來的板子，窗戶貼著半透明的塑膠布。屋後就是陡峭的山崖，崖頂的白色冰帽晶晶亮亮地映著夕陽餘暉。

走進房子旁像隧道的入口，眼前一片漆黑，若不扶著伊嘎帕的背根本無法前行一步。一種無以形容的惡臭沖鼻。我摸到一個軟綿綿的東西，不覺驚叫。定睛一看，是準備要吃的海鷗。對頭一次進入愛斯基摩人漆黑住家的人來說，這簡直是在測試膽量。

爐子旁邊一樣掛著生肉。門邊有一個小桶子，發出刺鼻的異臭。屋裡燒著石油爐，穿著羽毛衣感覺很熱。伊嘎帕把並排的兩張床之一讓給我睡。

整理完行李，他又開始勸我吃肉。愛斯基摩人沒有固定的吃飯時間。肚子餓了就吃。伊嘎帕拿出刀刃長約四十公分的菜刀剁下一塊吊在天花板上的生肉。血滴落在地上，很快就暈開一大片。

「Naomi①，這是最好吃的肉，吃吧！你在卡辛加那裡吃的是鯨肉，這個是海豹肉，好吃。」

在抵達西奧拉帕魯克前的八個小時裡，我甚麼也沒吃，是肚子餓的關係嗎，之前在胃和喉嚨之間來來去去的生肉，現在已毫無抗拒地躺在肚子裡。我佩服自己身體的適應力。愛斯基摩人也用石油爐，為甚麼只吃生肉呢？煮過或烤過吃不是更美味嗎？他們的味覺和我們完全不同嗎？

我好累。在西奧拉帕魯克的第一天相當緊張。我想早點上床。到屋外小便回來時，伊嘎帕已經準備就寢。

緊接著，伊嘎帕對準門邊的桶子灑尿，我大吃一驚。桶子發出嘈雜的回聲。原來那桶子是裝糞尿的馬桶。我剛進屋時聞到的沖鼻臭味不是來自生肉，而是這馬桶。

聽著伊嘎帕撒尿的叮叮鼕鼕聲音，我突發好奇起來，不知愛斯基摩男人的陰莖是甚麼形狀？是長是短？龜頭是尖是彎？我橫眼偷看，但完全看不到。我覺得自己有這個想法有點不正常。是不是和風俗習慣等都和我們不同的愛斯基摩人接觸後，無意識中也會想到他們的男性象徵？我想，以後應該有看到的機會。茫然想著這些雜事，不知不覺睡著了。

【注釋】

① Naomi：作者名「直己」的日語發音。

第二部
西奧拉帕魯克的人們

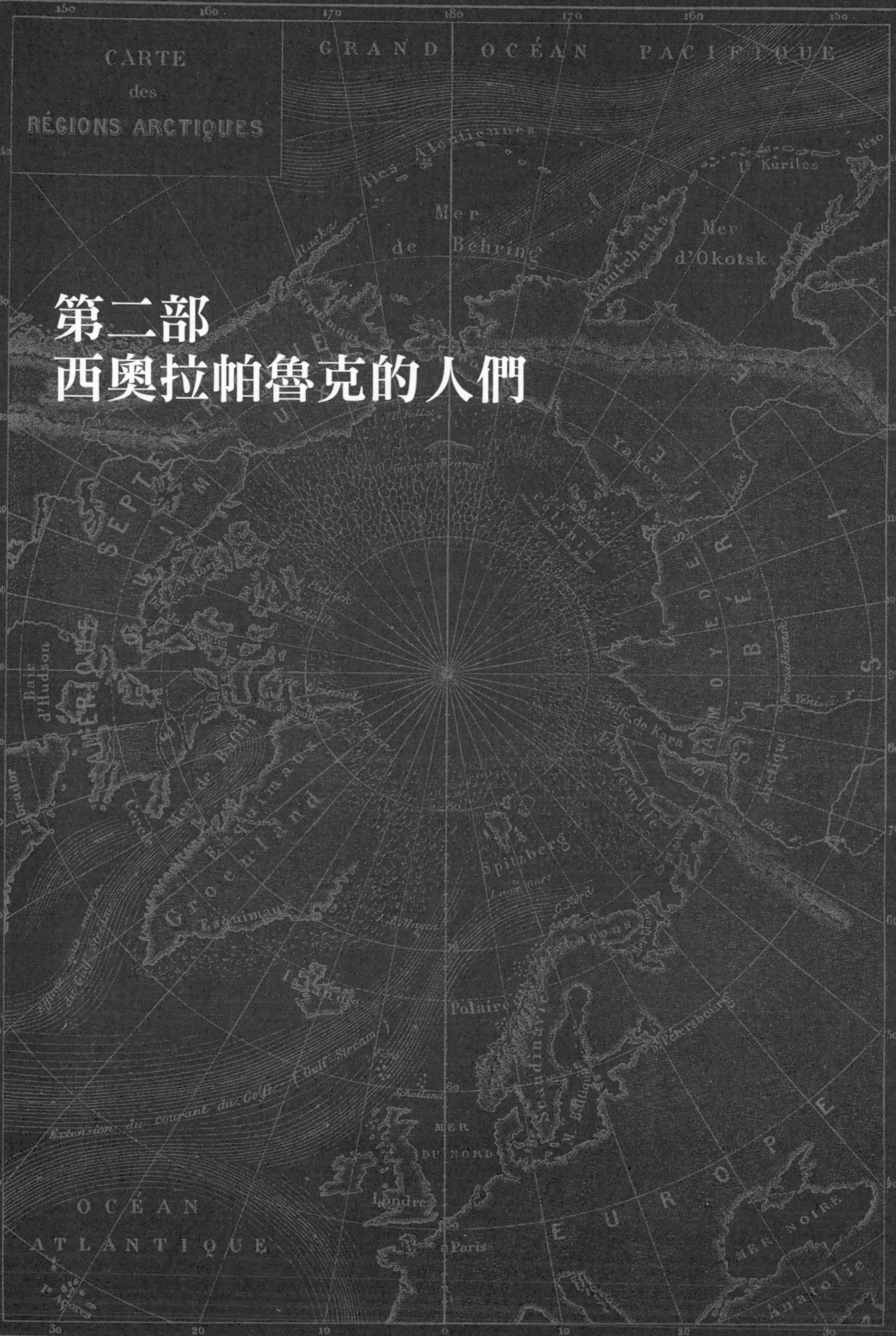

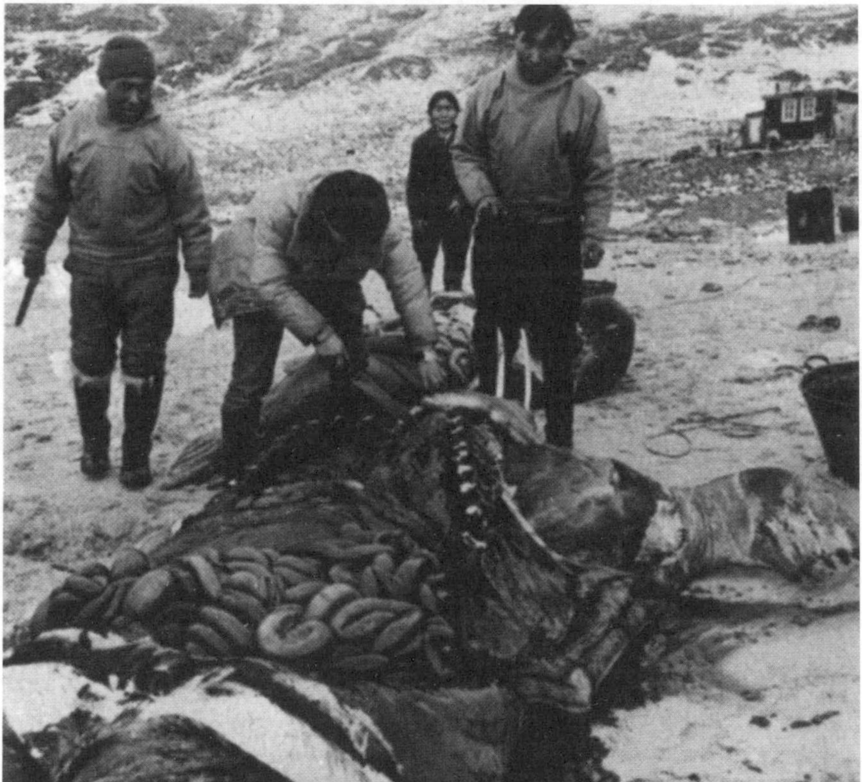

海狗的解體作業。照片中前排人物（由左向右）：伊米那、作者植村直己、柯提陽加。海狗和海豹一樣，都是愛斯基摩人重要的食物來源。

第四章　我家的客人

在伊嘎帕家借住三天後，我在柯提陽加和伊米那家之間發現一棟廢屋，便搬進去住。伊嘎帕非常親切，聽他比手畫腳敘述年輕時候的風流韻事固然愉快，但是他的房間光線太暗，我無法做紀錄，也沒法寫日記。在伊嘎帕看來，他又不需要看書，房間陰暗反而讓血油斑斑的地板不那麼明顯，或許較好。

伊嘎帕年近六十，迷戀有丈夫的庫雅琵，生活悠閒。他是單身漢，一人飽全家飽，沒有煩惱，可是我就不行了。

我來這裡不是為了享受愛斯基摩人的生活，而是為摸索橫越南極計畫的可能性。我必須獨自鑿冰、汲水、耐寒、狩獵，並學會駕馭狗拉雪橇的技術。這是我來這裡的目的。和悠閒的伊嘎帕一起生活輕鬆愉快，但不符合我的目的。我決心搬出伊嘎帕家，除了光線太暗外，還有這些因素。

我看中的是一間三公尺見方的半倒廢屋。當然沒有天花板，但是只要稍為整修一下，仍然可以住人。我曾經想過萬一時期挖洞居住也可以，與那種境況比起來，這半倒小屋已經算是天堂了。

我沒帶取暖的爐子和石油爐。在這寒冬一、二月零下四十度的極寒之地，這種房子好像不夠保暖。然而我是為訓練而來。輕鬆舒適的生活會讓我一無所得。在此意義下，我很

陋室雖小，也有可愛客人。

滿意這破爛小屋。

天花板和窗戶都透空，光線比伊嘎帕家明亮許多。但是住進去的第一夜，穿著羽毛衣鑽進睡袋裡，還是冷得直打哆嗦。照這樣子下去，恐怕還沒開始訓練我就已經凍死了。第二天，我立刻修補破屋。我來這裡不到幾天，不敢奢望愛斯基摩人幫忙，不過，小孩子都很熱情幫忙，讓我很高興。

「日本人，用這個！」他們幫我找來裝運補給品的空箱子，我毫不費事就湊齊釘天花板需要的材料，還用泥巴或是泥巴和海豹油混合的塗料填補木板縫隙。窗戶也蓋上兩、三層從日本帶來的塑膠布。屋內取暖用的是登山用石油爐，即使如此，屋子裡還是很冷，我和他們稍為熟悉後，便一起玩相撲遊戲讓身體暖和。

向小孩學會話

「Naomi，Naomi。」

昨晚和愛斯基摩人鬧到半夜兩點多，一大早就有人在床頭呼喚我的名字。來這裡以前，我去格陵蘭東海岸的安馬沙利克（Ammassalik / Tasiilaq）偵察時，遭到村中女孩夜襲，為難不已，心想又來了不成？幸好，是柯提陽加的五歲孫子塔貝。

這裡的大人小孩都沒有敲門的習慣，總直接闖入房間，沒有人我之家的分別。我還想再睡，塔貝的好奇心卻不停騷擾我，根本睡不著。他翻出我的登山靴問「呼那烏那」（這是甚麼），還穿上我的登山羽毛衣直嚷「歐樞特、歐樞特」（好暖和）……。

我到這裡還不久，如果忍不住怒吼道「吵死了，滾一邊去」而惹惱了他，後果可能不堪收拾。正當我躺在床上適度敷衍塔貝時，門又被輕輕推開，又有新的客人進來。

是柯提陽加十一歲的小女兒妮希娜，和在政府貿易商會上班的卡庫洽的十二歲女兒英加。我和她們視線相對，她們只是微微一笑，沉默不語。我回以笑臉，她們害羞地挪開視線，互相望望，然後坐下來，慢慢環視屋內。西奧拉帕魯克的小孩子都是這樣。剛開始時像貓一樣溫馴，熟悉以後，就逕自翻出我的登山靴、書本、登山裝備等等直問「呼那烏那、呼那烏那」，煩人不已。英加和妮希娜看到我行李中有一張圖勒地區的狗拉雪橇照片時，興奮地指著照片大聲說：「是沙奇烏斯爺爺！」話匣子一打開便沒完沒了，和剛才的害羞完全判若兩人，好像不說話就不舒服。

我乾脆利用這些孩子來學愛斯基摩話。

英加指著自己說「阿彥基拉」（我是好人），指著妮希娜說「阿優波」（壞人）。然後裝出身體發抖的樣子說「伊康那特」（冷），做出烤火的動作說「歐摳特」（溫暖），指著石油爐說「扣塔」……，我拿出記事本，興奮地記著。「阿固烏」（男人）、「安納」（女人）、「努咖皮阿嘎」（小孩）、「阿搭達」（父親）、「阿娜娜」（母親）……。

我專心記錄，像中學時上英文課一樣，從「尼亞扣」（頭）按順序記下眼睛、耳朵、鼻子、胸腔、腹部到腰，這時，英加突然把手伸進妮希娜的大腿間笑著說「歐邱、歐邱」。妮希娜也不以為忤，指著我的胯下嚷著「歐休、歐休」。我換鉛筆記錄時英加的手迅速伸進我的胯下，喊著「哇！阿給休、阿給休」（大）後，兩個人在房間裡自顧自地追逐起來。

我就這樣以小孩為對象，一點一點學會愛斯基摩話。

但是每天早上也不免要受到小孩的騷擾。有一天我特別計算一下，從五歲的塔貝到六十四歲的阿厚塔，總共有四十個人來過我房間（其中小孩十八人）。有幾個還來了四趟以上，要算人次的話，數目恐怕更多。

通常在下午六點以前，我的房間裡都是小孩。年紀越小的來得越早，塔貝多半八點以前就來。傍晚六點以後，我的屋子又成了大人的遊樂場，三公尺見方的房間裡，雖然沒有暖爐，但是過多的訪客氣息讓人覺得很熱。

愛斯基摩人的性愛觀

年輕人在我這裡，話題八成是性愛，七嘴八舌地互問：「你和誰誰在哪裡做過吧！」甚至拿我取樂。

小孩也一樣。因為長輩並不特別隱藏性事，常有小孩跑來找我。「Naomi，Naomi，誰和誰正在做，去看吧！」

我不曾見過像愛斯基摩人這樣生活自由的人。睏了就睡，醒了就起來。沒有食物了就去打獵。食物青黃不接時，就去叨擾鄰家。他們的性愛也一樣。有一天，我到某人家裡，探頭進屋時看到他們夫妻倆正躺在一張床上，我趕緊縮回腳步，但第二天再去時，換了另外一個男人在床上。文獻上記載愛斯基摩人有借妻的風俗，的確，不論已婚未婚，他們對性愛的態度都非常開放，至少和控制我們日本人的性意識完全不同。因此女兒晚上獨自外出，天亮才回來，父母也不干涉。大概是這個緣故，這裡的私生子特別多。柯提陽加的女兒今年二十四歲，有兩個私生子，塔貝是其中之一。安娜（二十一歲）、納巴拉娜（三十五歲）都有私生子，而且都讓父母養，自己仍然去招惹年輕人。

我剛來時，安娜好像想勾引我。她用四根指頭做出一個形狀，指著自己說「傌馬特、傌馬特」。「傌馬特」有「好吃」的意思。因為當時不是吃飯時間，我覺得莫名其妙，後來才知道那個形狀就像日本人把拇指伸進食指和中指之間表示女人性器官一般，是愛斯基摩人表示女人性器官的形狀。安娜當時是對我說「我那個地方很好哦」。愛斯基摩人用表現食物的方式來表現那方面。我獨居以後，便成了安娜的最佳進攻目標。我很快就知道她是為了性愛到我這裡。起先她是等小孩和其他年輕人都走了以後的深夜悄悄進來。要不就是以一男二女的形式進來。已有一對現成的搭檔後，硬把多餘的一個女人塞給我。可是我不想在這裡招惹男女關係的糾紛。我無法忍受這種事情將成為我今後一年的生活重心。那時我總是指著自己的胯間說：「醫生吩咐我不能使用歐休。」他們倒也乾脆地接受這個藉口。

「不喝咖啡嗎？」

「醫生不准。」

「哦，好遺憾。」

我三十二歲，英年正盛。身體也需要女人。眼看著愛斯基摩人自由的性愛歡娛，拒絕她們的誘惑實在不好受。那比攀登聖母峰，或是乘竹筏沿亞馬遜河而下還要難受。

洗澡騷動

我的家變成全村人氣最旺的地方。我雖然高興，但也有些困擾。我幾乎沒有個人的時間可洗滌衣物和洗澡。

來西奧拉帕魯克時，我的旅行背包裡塞滿全新的內衣褲。即使暫時不能洗衣服，還有乾淨的內衣褲換穿。但一個月下來，新的內衣褲都已穿完。這裡沒有淡水。要用水時是切下岸邊的冰塊溶化後用，需要很久的時間。年輕姑娘們說願意幫我洗衣服，想到以後的麻煩，我不敢接受。我勉強拒絕過好幾次她們的誘惑，如果在這方面留下把柄，我不知道以後是否還有能耐拒絕她們。

沒辦法，只好把穿過的髒內衣褲翻出來重新換著穿。這樣惡性循環下，內衣褲滿是污垢，身體也黏膩膩的。牆上掛著肥皂、刮鬍刀、牙刷等盥洗用具，因為沒有水，就一直掛在那裡沾灰塵。弄淡水是女人的工作。因此單身漢全都渾身污垢。

我好像也長了蝨子或跳蚤，在睡袋裡渾身發癢，睡得不舒服。我參加日本山岳協會聖母峰登山隊時，曾在高度四千公尺的雪巴人①家中生活。每天下午，總是裸著上身抓內衣褲上面的蝨子。每個禮拜一次，也讓雪巴人的太太幫我們抓頭蝨。當時雖然是冬季，氣溫也在零下十五度，但無風的白晝直接照著陽光，即使裸著上身也很暖和。

但在距離北極點一三〇〇公尺的西奧拉帕魯克村，皮膚即使只直接接觸外氣一分鐘都很危險。蝨子攻勢越來越兇。

我把東京羽絨產業試做的極地用睡袋墊了兩層，試著裸身躺在上面，但這又成了小孩子的玩樂標的，只好放棄。他們總是無時無刻盯著我的行動。我對愛斯基摩人的風俗習慣也有興趣，因此他們如何看我，我也沒得抱怨。

這種渾身污垢的生活終於讓我忍無可忍。九月的某一天，和村裡的四個男人一起去獵海象，全身沾滿血污。羽毛衣、褲子、襯衫都沾到海象的血和脂肪，好像滲進身體裡面，我終於決定洗個澡。

我先點燃兩個石油爐，把咖啡壺和鍋子煮滿熱水。幸好沒看到小孩子蹤影。我把門關緊，塑膠布的窗子也蓋上大布巾後全身脫光。這是我身體皮膚久隔一個月後首次跟外氣接觸。感覺好爽快。我把泡過熱水的毛巾擰乾，擦拭身體，溫暖的感觸傳到皮膚，霎時變冷。感覺像貼上沙隆巴斯，累積了一個月的疲勞一股腦兒解除。

但是這份秘密快樂持續不到五分鐘，小孩子就趕來了。窗戶突然蓋上大布巾，反而引起他們的好奇。不得了，窗戶一下子被戳破，好幾張小臉擠成一堆。

「Naomi、Naomi……歐休、阿給休。」（Naomi有好大的雞雞）

「歐休、歐休。」

「阿給休。」

孩子們指著我大聲嚷嚷。

「唉呀，人家光著身子的時候不可以偷看！」

我怒斥他們，但沒有效果。不但如此，四、五個人還一起推撞我用登山背包頂住的門，門瞬間被撞開，一夥人滾了進來。

他們撫摸我的身體嘰嘰喳喳，我趕緊穿上放在一旁的羽毛褲。聽到小孩子吵鬧，附近的柯提陽加和伊米那也從窗戶探頭窺望，兩人都笑嘻嘻的。

「伊米那，我一洗身體，孩子們就闖進來，幫我想想辦法吧！」

我的表情大概真的很困擾吧！伊米那立刻衝進孩子群裡教訓他們。伊米那是村裡最老的人。聽說愛斯基摩的小孩最聽老人的話。伊米那提高聲音時，大家就「嗯」一聲，老實得和剛才的調皮完全不同。英加和妮希娜一邊聽訓，一邊偷偷給我白眼。小孩子的表情非常可愛。說起來，我房間裡的東西從天花板、床、爐子都是這些小孩幫我弄來的，他們也算是我的恩人。他們只是覺得我洗澡很奇怪，不是故意惡作劇。於是我拜託伊米那停止他沒完沒了的說教。

愛斯基摩人幾乎沒有洗澡、洗臉、刷牙的習慣，實在很髒的時候就用毛巾浸浸熱水擰乾擦擦身體而已。因此大人幾乎沒裸露過肌膚，小孩看到我洗澡自然大驚小怪。我曾看過有人用毛巾擦臉，所以他們並非完全不洗臉。

【注釋】

①雪巴人（sherpa）：居住在尼泊爾和西藏邊界喜馬拉雅山南坡的一個部族，常為聖母峰探險隊做嚮導及搬運物資。

第五章

愛斯基摩人怕吃熱食——他們的飲食生活

「Naomi、Naomi、卡加洛阿、卡加洛阿……」

我在整理床板時，門前突然傳來尖銳的喊聲，好像是柯提陽加的太太蕾琵卡。

我被這不尋常的女人喊聲嚇破膽，緊接著又聽到伊米那的太太安希菲雅的聲音。

「卡加洛阿、卡加洛阿……」

是火災嗎？還是打架？我衝出屋子。蕾琵卡在距離我屋子五十公尺的地方邊喊邊向海上開槍。安希菲雅也發射來福槍。村裡的小孩也都單手拿槍、睜圓雙眼衝向海邊，我以為是整個村子打群架。

愛斯基摩人是純粹的狩獵民族，槍在生活中不可或缺，是極普通的隨身用品。每一家都有四、五把二次大戰時使用的五連發步槍。今天男人都去獵海豹了，留在村裡的不多，但是我聽到的槍聲不像只有兩三把。「這還得了！」我驚慌失措，不知如何是好，這時蕾琵卡跑過來，指著海邊大喊：

「Naomi、卡加洛阿、卡加洛阿。」

隨著她的喊聲，我轉眼望向海邊，不覺放聲驚呼。鯨魚！是鯨魚！卡加洛阿是鯨魚的意思。距離我房子不到四十公尺的岸邊有一大群六、七公尺長的鯨魚，噴著水的龐大身軀互相撞推。女人喊叫是因為發現鯨群來襲。我立刻奔回屋裡，拿出在哥本哈根槍店用四萬日圓買的獵北極熊用來福槍，口袋裡塞進二十發子彈。我把槍身固定在門前的柱子上，瞄準鯨魚扣扳機。這種經驗是我生平第一回遭遇。

碰！

激烈的發射聲音同時，右肩受到劇烈的撞擊，耳朵好一陣子聽不到任何聲音。我沒時間確認是否打中瞄準的鯨魚，就衝到岸邊。

斷崖環繞的西奧拉帕魯克村裡槍聲迴盪不絕，宛如戰場。大人都去打獵了，只能靠女人、小孩和老人來獵獲這些鯨魚。每個人都全神貫注。就連沙奇烏斯爺爺的孫子、今年九歲的努卡皮安也拿著比他身子還高的槍邊射邊衝向海邊。實在難以想像他是那個總拖著兩條鼻涕的努卡皮安。老人也拖著穿上一半的海豹皮靴跌跌撞撞地衝出來加入射擊行列。我也忘了第一擊的肩痛，瞄準五公尺前的鯨群拚命開槍。總共有二、三十隻吧！因為目標很大，遠比瞄準那小小鼻頭的海豹容易多了。

每年八月到九月，海邊每星期都會看到兩、三次鯨魚出沒，但很少像這次如此靠近岸邊。靠得這麼近，就是女人、小孩也能多有斬獲，難怪他們那麼興奮。

海面染滿鯨魚的血，努卡皮安突然放下槍，扛起他家門口的海皮艇（海豹皮做的小船），手拿海象牙做的長矛。我大吃一驚，就算是狩獵民族，再怎麼說他也只是九歲的小孩。他這樣闖進發怒的鯨魚群裡，萬一掉下海怎麼辦？浮著冰山的海水冷得可以凍折手掌，掉下去不要一分鐘就沒命了。我緊張地注視努卡皮安。只見他靠近鯨魚五公尺近時站在海皮艇上，右手將矛刺進正大幅度浮起的鯨魚側腹。

受到槍傷的鯨魚被這一擊，翻身潛入海中。繫在長矛上的皮繩拉出約十公尺。繩子前端綁著海豹皮做的浮袋，以免讓獵物逃走或是沉沒。

我十分佩服努卡皮安的膽識。可是老練的獵人好像不太滿意。獵殺結束後，伊米那抓住努卡皮安，提醒他該注意的地方。伊米那比手畫腳，非常嚴肅認真。努卡皮安頻頻點頭，聽得很認真。不只是努卡皮安，一大堆小孩都圍著伊米那。打獵對他們來說不是運動，而是生活問題，因為明天的糧食就靠這個技術。

對愛斯基摩人來說，教育只有打獵技術無他。三十二歲的卡利是村裡一等一的打獵好手，他曾這麼告訴我：

「上學根本沒用，讀書會把眼睛弄壞，讓打獵技術差勁。」

的確，對狩獵民族而言，眼睛就是生命。因為必須在一望無際的海冰上搜尋海豹。在白色的冰上尋找海豹的黑色鼻子還好，要在黑漆漆的海上發現只露出鼻子的海豹，那就相當艱難了。眼睛的好壞對他們的糧食收穫有決定性的影響。

快樂享用剛捕獲的鯨魚大餐

被發怒的鯨魚拖著浮浮沉沉的浮袋靜止下來時，努卡皮安把浮袋上的細繩綁在海皮艇上拖到岸邊。海皮艇的吃水線貼著海面，稍一用力划動，海水就流進艇中，好像要翻船般，看得我心臟怦怦跳。岸邊的蕾琵卡等不及海皮艇慢慢划過來，穿著長及大腿根部的海豹皮靴就跨進海裡，接過努卡皮安的繩子。她靴子裡應該沒穿襪子，但她絲毫也不覺得冷，她把繩子一牽上岸，其他人一起幫著拖。我想起鄉下運動會的拔河比賽。獵鯨活動從下午兩點開始，不到一個小時就捕獲了八隻鯨魚。

享受剛剛捕獲的獵物大餐——這是愛斯基摩人生活中最快樂的時間之一。他們還是覺得鮮肉比有點髒又沾著機油的儲藏生肉好吃吧！鯨魚在他們的食物位階中是最高級的食物。每個人都笑吟吟地掏出小刀，在橡皮擦大小的磨刀石上磨三、四下，就開始享用鯨肉。二十多個愛斯基摩人趴在全長六、七公尺、身體偶爾還會抽動的鯨魚身上割肉而食的情景真是壯觀。小孩們先撲向尾鰭，俐落地割下一片塞進嘴裡咀嚼。我也拿出小刀和磨刀石。在這裡生活，這兩樣東西不可或缺。愛斯基摩人沒有固定的吃飯時間。肚子餓了、捕獲獵物時就是吃飯時間。口袋裡隨時帶著代替筷子的小刀和磨刀石。

我也先取尾鰭。愛斯基摩人對我說「傌馬特、傌馬特」，完全沒有海豹和海象的腥臭，就像生干貝。灰色的鯨魚皮嚼感滑脆好吃。仔細觀察，愛斯基摩人是連著皮下脂肪一起吃。他們吃海豹和海象肉時也會像我們把奶油塗在麵包上一樣，在肉上添些脂肪一起吃。我嚐了一口脂肪，沒有特別的味道。不過，脂肪的滑潤感觸為本來沒有味道的鯨肉添些風味。我們滿手滿嘴都沾著黏糊糊的血和脂肪，鮮血甚至從下巴滴落。染血的冰冷手掌貼在臉頰上取暖時，搞得滿臉是血，簡直像食人族。

出去打獵的男人一回來，立刻開始鯨魚解體作業。他們準備三把刃長三十公分的刀子。刀子切入鯨腹。鮮紅的血水噴出，腳邊成了一片血海。像腳踏車輪子般粗細的二、三十公尺長小腸、人頭般大的心臟、紅鰩魚似的肝臟等一一掏出。小腸裡面的東西擠出後用海水洗淨，晾乾食用。心臟煮熟了吃。他們好像不吃肝臟，都丟給狗吃。帶骨的鯨肉平均分給村人。

儲藏生肉用的木框架上掛著鯨魚腸的情景真是壯觀。相對於先前那些半腐爛般的海豹和海象肉，表面滑溜溜的新鮮鯨肉像要從木框架上滑下來似的。柯提陽加今天還捕獲兩頭海象，三公尺見方的木框架不夠掛，只好把狗拉雪橇堆高，把鯨肉晾在上面。

愛斯基摩人怕吃熱喝燙

我用的是最新式的來福槍，但技術卻是全村最差勁的一個。不管我是否打中目標，只要我一起參與打獵，都能平均分到生肉，因此糧食無缺。萬一時期也可以拿著小刀到別人家裡吃，生活非常輕鬆。老吃生肉我終究覺得膩，有時候我會用石油爐烤海豹肉，或是煮熟後沾醬油吃。醬油真是奇妙的調味料，任何食物沾了它吃都像在吃日本料理。

這時候一定有小孩一起享用。醬油也合他們的味覺，不停稱讚「傌馬特、傌馬特」，瞬間就把一堆肉擺平。極地和溫帶雖然氣候風土極端不同，但愛斯基摩人的味覺大概和日本人相同吧！喜馬拉雅山上的雪巴人也喜歡醬油，或許亞洲民族擁有相同的味覺。

不過，愛斯基摩人非常怕吃熱食。他們老老小小都喜歡喝茶，但都不喝熱茶。我為了暖和冷透的身體，總是一邊呼呼吹著可能燙傷舌頭的熱茶一邊津津有味地喝著，他們卻立刻加入冰塊，等水溫了才喝。全世界的小孩都怕吃熱喝燙，沒想到這裡連大人也是這樣。我請他們喝茶時總是勸他們「歐摳特、傌馬特」（趁熱好喝），他們總是把熱茶推回給我，「傌馬擠丘」（難吃）。

不久後我就明白原因何在。他們的食物多半是冷凍生肉。在家裡時可以把肉吊在爐子附近等肉回軟再切來吃，但是出門打獵時不能這樣，生肉凍得堅硬如石，小刀根本割不動，必須用柴刀敲碎，再把碎片塞進嘴裡。感覺就像把冰糖放進嘴裡，只是沒有甜味。肉塊如果太大，就撐在嘴裡，像濕手碰觸低溫的鐵會黏住似的，凍肉就黏在嘴裡慢慢軟化、潰爛。因此愛斯基摩人的嘴自然排斥熱的東西。當我融入他們的飲食生活、駕著狗拉雪橇展開單獨之旅時，也完全不能接受熱食了。

愛斯基摩人的飲食生活

圖勒地區棲息有各種動物。馴鹿、北極狐、狼、兔子、北極熊、海象、海豹、鯨魚，魚類有鱒魚、海鰩、鯊魚、鮃魚，鳥類有烏鴉、野鴨、海鷗、水鳥……。但是這些食物不一定隨時都有。一年到頭都能獵捕的只有海豹和海象，因此他們的主食因季節不同而有變換。

十月到三月間，兔子最多，海冰溶化的五月到十月間鳥類較多。這個時期的鱒魚、鯨魚也多。北極熊的毛皮可以賣到高價，愛斯基摩人常去獵捕，但並不容易。一年能獵到

四、五隻就算大豐收了，一無所獲也很稀鬆平常。西奧拉帕魯克村裡幾乎沒有貧富差距，人們年年都有新皮衣可穿，可見狩獵技術很有作用。

不過，愛斯基摩人並不是所有動物都吃。烏鴉、北極狐、鯊魚、海鰩等就不吃。烏鴉會吃狗和狐狸的糞便，愛斯基摩人嫌牠難吃；北極狐有一些老人吃，但醫生禁止年輕人吃，好像是含有甚麼細菌。我曾煮熟來吃，大概是老吃海象、海豹這些黑肉的關係，感覺這久違的紅肉特別美味。

鯊魚肉也只在獵捕不到其他動物時才吃。他們說吃了會拉肚子，腦筋也變得奇怪。後來我做三千公里的狗拉雪橇旅行時，狗吃了鯊魚肉後果然嚴重下痢。伊米那和伊努特索說從前遇到饑荒時吃鯊魚肉，難過得要死。可是日本人就吃鯊魚肉。我用鹽醃或燻乾的方式來吃，他們都驚訝不已。動物性食物是他們飲食生活的主軸，偶爾也生吃漂到岸上的海草。這大概是唯一的植物性食物。

一般人以為愛斯基摩人甚麼食物都生吃，其實不一定。例如海象肉，剛捕獲時絕對不吃。我曾經在解體牛隻般大的海象時嚐了一次。因為牠側腹下方帶紅色的肉酷似牛肉，看起來非常可口。這時塔奇陽加急忙阻止我，要我吐出嘴裡的肉塊。他說吃剛捕獲的海象肉會掉頭髮。阿拉斯加的愛斯基摩人也絕對不吃剛捕獲的鮭魚。我雖然渴望美味的生魚片，但也必須防範雙盤吸蟲。

愛斯基摩人大概是以會掉頭髮的藉口來防範危險。反正，海象肉必定掛在木框架一個月以上自然冷凍後才能吃。

第六章

每月一次的盛大酒宴

極地的九月雖然在零下十度，感覺並不那麼冷。沒風的日子在陽光下其實滿溫暖的，讓人想起日本的十月小陽春。那種日子裡，西奧拉帕魯克的愛斯基摩人常常去摘苔桃順便野餐。三公分高的苔桃叢長在峽灣對岸山麓的岩石陰影下。村人船上載著鍋子、茶葉、砂糖、餅乾和海象肉，快快樂樂地出航。

安娜邀我同行。幅寬數十公尺的內陸冰河垂落峽灣，形成四、五百公尺高的藍色冰壁。部分冰壁不時伴著轟然聲響落入海中，小船隨著劇烈晃動。我想起和職業滑雪選手三浦雄一郎攀登聖母峰時的意外。比一棟摩天樓還要大的冰塊就在我們眼前發出巨大聲響墜落，滑雪隊的六名雪巴挑夫瞬間消失在冰下。高山固然恐怖，極北之海一樣可怕。小孩子探身船外，拿著祖母綠色的冰片玩耍，我卻緊緊抓牢船舷，嚇掉了魂。

一上岸，女人和小孩立刻抱著空罐摘苔桃。果實大小如玻璃珠，要摘滿一罐挺花時間。大夥兒邊摘邊吃。我也含一顆在嘴裡，非常酸，吃了十顆後再也吃不下。這是完全肉食的愛斯基摩人的唯一水果。他們一粒不漏地仔細採摘。安娜酸得鼻子皺成一團，問我說：「日本有這麼好吃的東西嗎？」其實，日本標高二五〇〇公尺以上的高山都有，但我不忍心傷害她，於是說：「日本雖然有，但是在很深很深的山裡，人走不到那裡，所以吃不到。」

「喂，Naomi，煮茶吧？」

地位相當於村長、今年六十八歲的伊努特索招呼我。為了展現村長的威嚴，他不太到我家裡。他個子雖小，但體格結實。煮茶完全不費事，從海邊弄幾個冰塊放進鍋子裡，煮沸後放進紅茶葉就成了。

「茶好嘍！」

我一招呼，大人魚貫走過來享用。坐在馴鹿毛皮上俯瞰大海，海的藍和冰山的白呈現鮮明對比，感覺好愜意。

還不到下午兩點，太陽已大幅度傾向對岸的山。沒有一絲風，只穿羽毛衣也不覺得冷。岩石還保有陽光的溫熱，手可以靠在上面。小孩子滿足地緊緊抱著裝滿苔桃的罐子。出來野餐，心情特別亢奮。平常害羞的雅克（十六歲）也追著伊米那的十二歲孫女麗琪娜團團轉。

買酒

野餐後沒過幾天，伊努特索一大早就來找我。

「早，Naomi，我要去卡納克，一起去吧？明天回來。」

村裡有兩艘燒球式柴油引擎小船。一艘屬於伊米那的兒子，另一艘就是伊努特索的。兩艘都是舊船，但和海皮艇不同，不會因為一點小小風浪就翻船，出海幾天獵海象時乘坐這個比較安全，也能拖著幾隻重達四、五噸的海象回來。伊努特索說要去八十公里外的卡納克（Qaanaaq，舊稱 Thule）採購，可是我並沒有東西需要添購。

「不要，我沒有要買的東西，要留在這裡打海鷗。」

「Naomi，我是去買酒，村裡十月份的酒。」

村裡也有貿易商會，可以買到茶葉、砂糖、餅乾和狩獵用具等。但就是沒有一滴酒。必須到丹麥政府行政官所在的圖勒地區中心卡納克才買得到。

「酒？很抱歉，我不喝酒。」

而且，我想盡量節省金錢。愛斯基摩人沒有一毛錢也能生存，我卻不能。比如說，我的槍是性能比他們優越好幾倍的高級來福槍，可是我的狩獵技術連他們的腳趾頭都趕不上。當有一天我不能分享他們所獲的時候，我必須有些儲蓄過活。伊努特索聽了我的回答後愣在那裡，不明白不喝酒是甚麼意思。

「不喝酒？日本人都這樣嗎？」

「不是，日本人有喜歡喝酒的，也有討厭喝酒的。」

伊努特索一副無法相信的表情，抱著雙臂、坐在床上。我想起准我入境的丹麥格陵蘭局官員的話。

「在格陵蘭，我們最頭痛的是酒和性病。如果放任他們，就喝個沒完沒了，完全不工作。因此我們管制酒。你也要小心，別引爆這兩個問題。」

本來，愛斯基摩文化中沒有酒。極寒之地根本不長釀酒的原料，氣候也無法讓酒精發酵。酒是一九〇〇年來到此地的丹麥遠征隊帶進來的。從那以後，愛斯基摩人和酒就再也無法分開了。

我在東海岸的安馬沙利克多次看到大白天就醉醺醺的愛斯基摩人。如果西奧拉帕魯克也無限制賣酒，不知會變成甚麼樣子。村中的花花公子卡利就常說，不缺買酒的錢。「買酒的錢很快就能弄到，只要把船開出海，立刻能抓到兩、三隻海豹。」

他們認為「酒才是通往天堂的神水」。如果能自由買酒，只要有錢就會泡在酒裡，直到整個人完蛋為止。丹麥政府控制賣酒給愛斯基摩人的數量，就是這個緣故。

二十歲以上的男女每人每月可以買三十瓶小瓶啤酒，威士忌酒精濃度太高，一小瓶抵二十瓶啤酒。因此買一瓶威士忌後就只能再買十瓶啤酒。丹麥政府為了控制酒的販賣量，每人發一本「購酒手冊」。伊努特索掏出那本紅色手冊給我看。

「九月一日威士忌一瓶、啤酒十瓶。八月一日威士忌一瓶、啤酒十瓶。七月一日威士忌一瓶、啤酒十瓶……。」往上追溯，沒有空過一個月。購買的日子都毫無例外是每月一日。可見他們對這一天是多麼迫不及待！

伊努特索有點不高興。不喜歡喝酒對他們來說是不可能的事情，或許覺得受到我的愚弄。我不希望和愛斯基摩人之間發生任何小摩擦。不論他們說甚麼我都要應酬一番。

「好吧！伊努特索，我不去卡納克，但是幫我買十瓶啤酒好嗎？」

「才十瓶？別人都買三十瓶哩！」

我這下豁出去了，喊道：「好，三十瓶，是三十瓶吧?!」

啤酒一瓶要三克朗（krone，丹麥貨幣單位），我給他九十克朗（四五〇〇日圓）。伊努特索總算恢復好心情，臉湊過來笑嘻嘻地說：

「我已經老了，不行了，你還年輕，去抱抱卡納克的姑娘怎麼樣？你是日本人，一定很受歡迎。」

唉呀呀！又是女人的話題。

「不行，我雖然想，可是醫生說過不能用那話兒，所以我現在三十二歲了還是一個人生活。」

我照例用老藉口婉拒伊努特索的慫恿。

每月一次的大酒宴

十月二日，伊努特索載滿一船的酒從卡納克回來。他的船從老遠的冰山後面露出影子時，村裡已歡聲雷動。小孩四處奔走呼告：「伊努特索回來嘍！」柯提陽加、伊米那也都拿著雙筒望遠鏡遙望海上。

伊米那露出僅剩的幾顆牙齒，滿臉皺著笑個不停。他的表情好像已經醉了，唱著愛斯基摩人的歌謠。

「Naomi，今晚喝完酒後去找你玩。」柯提陽加的太太蕾琵卡當著老公的面不在乎地說著，嚇我一跳。柯提陽加只是笑咪咪地望著他老婆。我來這裡以後，還沒看過心情這麼好的愛斯基摩人。有酒當前，還沒喝都已經醉了。

伊努特索帶回兩個村裡的年輕人。村人聯手把裝酒的紙箱搬上岸。伊努特索和年輕人在船上就已經喝開了，心情非常好。伊努特索舌頭打結，他就這樣穿梭在危險的冰山間，簡直是酒醉直闖高速公路嘛！我接過裝著三十瓶啤酒的紙箱要回去時，伊努特索招呼我說：「日本人、今晚我們一起喝！」

我也不想一個人在家喝並不喜歡的酒。我很高興地答應他的邀請。伊努特索雖是村長，住的房子並不特別豪華。和單身的伊嘎帕一樣，只是四坪大的一間房，不同的是他沒有儲藏食物用的木框架，而是在門前用木樁圍個地方，帶牙的海象頭、鯨魚尾、海豹肉等隨便扔在裡面。入口右邊是馬桶，左邊是石油爐和鍋子，天花板吊著帶皮的海豹肉。窗邊的檯子上雜亂放著油燈、髒杯子、餅乾、茶葉等。最裡面是他們夫妻睡的床，旁邊有張預備床，客人來時當作椅子。

今晚參加酒宴的有庫奇邱老人和他的兒子馬沙烏那夫婦、拉斯姆斯夫婦和他們的孩子、我和伊努特索夫婦共九人。庫奇邱死去的老婆是伊努特索的妹妹，拉斯姆斯是伊努特索的弟弟，都是一家人。伊努特索沒有孩子，平常顯得空曠的屋子擠進九個人就滿了，伊努特索夫婦把空罐子倒過來，坐在上面。

啤酒和威士忌就堆在腳邊，伊努特索的太太娜托克一瓶瓶拔掉啤酒栓，放在大家面前。每個人都滿面喜色，緊握著杯子坐立不安。酒宴在伊努特索的「卡斯塔、卡斯塔」（乾杯）聲中展開。

我酒量不好，喝多了就很興奮、沒大沒小的，因此必須小心過量。我參加第二次聖母峰偵察隊時，和三浦雄一郎的聖母峰登山隊一起喝酒，當時我完全醉了。後來被大家調侃，說我大聲唱歌，最後還嘔吐，給大家添麻煩。我攀登聖母峰成功後，也和登頂成功、翌日要到加德滿都的一支日本登山隊同樂，我只喝下一杯像是燒酒的當地產土酒，醉意立刻蔓延全身，人像踩在雲端似輕飄飄，結果從崖邊滾下去，最後讓雪巴人揹著下山。據說我在雪巴人的背上還自言自語不停，真是丟人現眼。從那以後，我對酒就特別小心。

伊努特索他們已經完全飄飄然，不停地說著「傌馬特、傌馬特」，繼續拔開啤酒栓。分不清自己和別人的酒。

「Naomi，日本有威士忌嗎？」庫奇邱笑吟吟地問。

「當然有，在日本隨時隨地都可以喝酒。」

「真的？」

他們都一副不相信的表情。

「怎麼樣？Naomi，要和我老婆睡覺嗎？」

馬沙烏那用手肘碰著他太太歐羅姬雅說。他已是三個孩子的爸爸，這語氣實在奇怪。

我看著歐羅姬雅，她滿臉笑容。真是神經有問題。

「日本有多少女人？」庫奇邱又問。

「很多、很多，有這格陵蘭的十倍、二十倍……滿滿都是。」

我張開雙臂說明，為了不喝太多酒，我就盡量說話。日本的冬天比這裡的夏天溫暖，夏天溫度三十度以上，還能泡在海水裡玩，那叫做海水浴。草木青綠茂盛，水果豐富……。

「日本是那麼好的地方嗎？可是像火爐一樣熱的地方，我們不能住。」

「才不會，雖然和這裡不同，但是日本人和愛斯基摩人都是同樣的臉，同樣的朋友，不信，到我家裡看照片，不會是不能住的地方。」

「嗯！」

「日本人和卡納克的白人行政官不一樣吧？愛斯基摩人和日本人一樣，我和大家都是親戚。」

我向馬沙烏那說明，伊努特索也滿臉通紅地附和說「是啊、是啊」。然後拿出放在架子上的收音機說：

「這是日本製的，是你們製造的嗎？」

的確，商標是HITACHI（日立）。

「不，雖然是日本人製造的，但不是我製造的，我的腦袋空空的。」

我砰砰地敲著自己的頭。

啤酒已經喝光，所有人醉意完全上眼，緊緊抱著自己的威士忌。只有總是冷靜的娜托克的威士忌還放在地板上。他們杯子拿不穩，大部分灑到地板。歐羅姬雅叫著「日本人、日本人」，膝行靠到我身邊。我想逃開，她一把抓住我的手臂。她老公假裝不知道，沉浸在酒裡。他呼出來的酒臭差點把我醺醉了。

接著，大家把啤酒箱塞進床底，配合收音機的音樂，夫妻檔在狹窄的空間裡跳起踢踏舞。收音機接收的電波來自格陵蘭南部的戈特霍布（Godthab / Nuuk，格陵蘭首府）。石油燈光的微暗房間裡酒氣人氣蒸騰。加上馬桶冒出來的屎尿臭氣，鼻子快被薰歪了。

我趁他們跳踢踏舞的時候悄悄溜出來。歐羅姬雅追來，我大吃一驚。她已經醉了，又是石子路，她連滾帶爬跟在我後面，真叫人受不了。男女追逐的不只是我們，到處看到年輕男人一把摟住女孩。女人甩開他們，腳步不穩地去追她看中的男人。村裡一片混亂。我甩開歐羅姬雅回到屋裡，醉醺醺的安娜和納巴拉娜又攻過來。天空有星星，我想鑽進睡袋裡露天而睡，但是零下十五度的氣溫，加上我也醉了，一定立刻凍死。沒辦法。我又折返伊努特索的家，暫時混過一段時間後終於回到自己的床上。

我聽說愛斯基摩人愛喝酒，沒想到是這個樣子，沒錯，如果讓他們自由弄到酒，他們一定連續喝個三天兩夜。三個孩子的媽媽都不是同一人的卡利，問他喜歡酒還是女人時，他說：「當然是酒。」不只是卡利，問十個人十個答案都一樣。沒有酒喝，對他們來說是一大傷痛。

卡利的弟弟烏瑪數年前酒醉時打壞柯提陽加的窗子，還拿刀子刺傷柯提陽加的側腹。柯提陽加用襯衫裹住噴血的腹部、駕著狗拉雪橇到八十公里外的卡納克求醫，保住這條命，政府販賣所主任因此拒絕賣酒給烏瑪。不能買酒，又沒有人請他喝。這對酒才是生存價值的愛斯基摩人來說，這是相當於死刑的極刑。

解決洗衣問題

這場酒宴對我來說也是一大收穫。從此以後我完全融入這個部落了。我不需要再神經敏感，小孩子到我屋子裡撕書、干擾我工作時，我也可以清楚地告訴他們「不可以」。小孩子頭髮剪得長短不齊時也可以調侃他們，甚至能堂而皇之在屋子裡撩起衣服下襬跨在馬桶上大小便。酒的效用並非完全無用。

最慶幸的是解決洗衣服的難題。娜托克憐恤我的獨居，常來我家主動用海鳥羽毛掃帚幫我打掃房間。她已經是老太婆，不會像安娜、納巴拉娜那樣事後和我牽扯沒完。娜托克就像照顧獨居的伊嘎帕一樣，打從心底善意地照顧我。

第三部
和愛斯基摩人共度狩獵生活

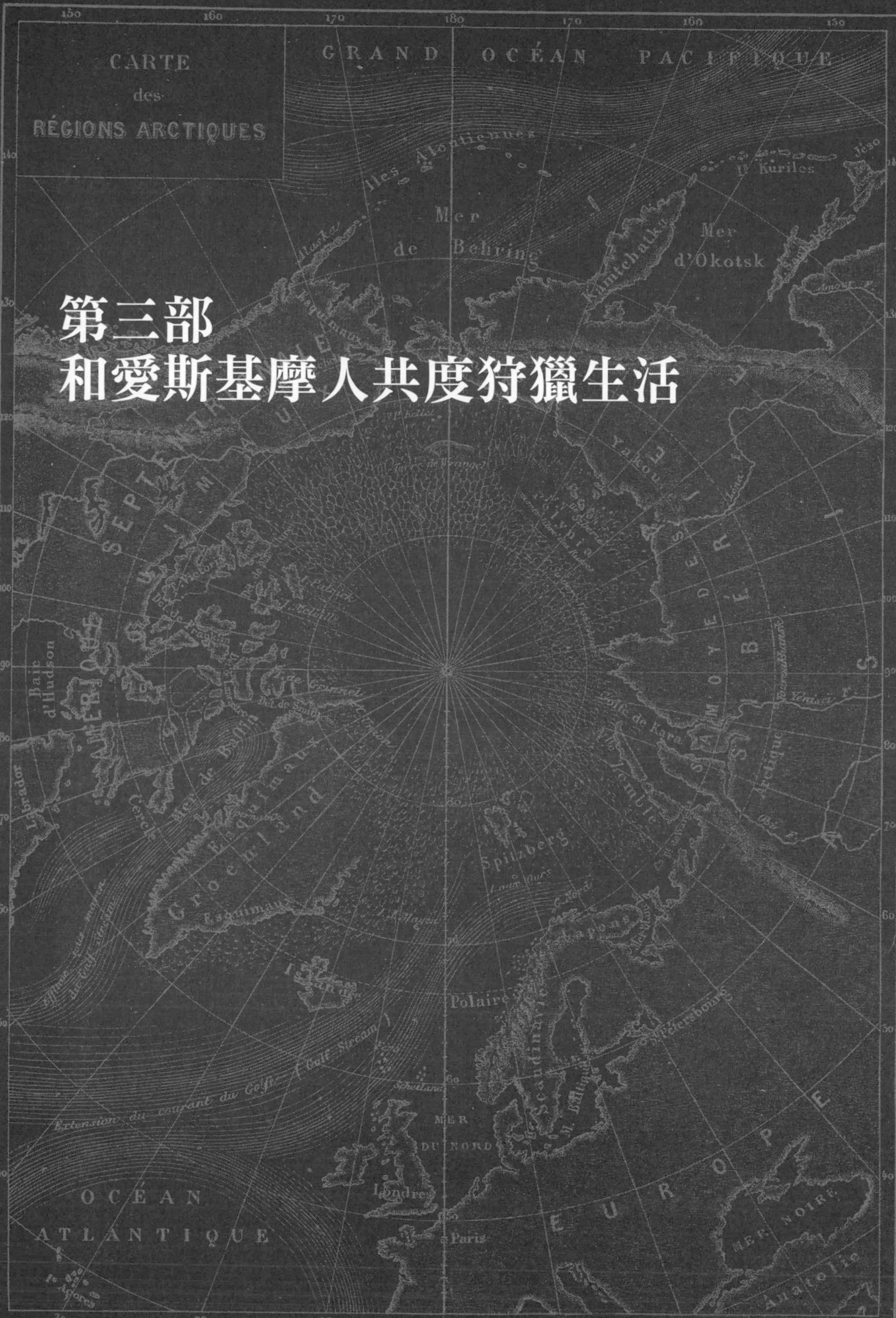

厚冰覆蓋海面時，海豹會自己打開網球大小的呼吸孔，而這就是我們獵殺海豹的目標。

第七章

吃盡狗拉雪橇鞭子的苦頭

十月以後，我正式開始練習駕駛狗拉雪橇。鞭子左右狗拉雪橇的一切，我想，不過一條皮鞭罷了，頂多練習一個月就夠了。但是一拿起鞭子，我就知道自己太過天真。

鞭子是用髯鬚海豹皮切割成螺旋狀編製而成，全長八公尺，靠近握柄處的寬幅約一公分，越往鞭尾越細，鞭尾的寬幅約只剩一公厘。為了揮鞭時能發出聲音，鞭尾繫著一公尺長的釣魚線。鞭子綁在一公尺長的木棒上，看起來很簡單，但是甩起來相當困難，完全不聽使喚。我先把碎冰塊當作狗來練習，根本打不中目標。我雖然照愛斯基摩人教我的右手握柄、大幅度向後面繞一圈後向前方甩出，但是鞭子只往前跑了一半便倒頭飛向我，打得我眼冒火花。我雖然戴著羽毛衣的帽子，卻一點也不管用。我一向前甩，鞭子很快又倒飛回來，我趕緊扭轉手臂，鞭尾還是直撲眼前，我急忙低頭避過。接著，我更拉開手臂幅度小心地揮出，這回鞭尾卻繞回來纏在腳上。

想看我甩鞭本事的小孩特別興奮，每當鞭子打到我的臉時就笑成一團。後來塔貝走過來說：「鞭子借我一下！」他接過鞭子，兩腿大大張開站著。鞭尾描出一個大弧形同時發出很大的一聲「啪契！」果然精彩。這麼小的孩子都會，我沒有理由做不到。我要塔貝再甩兩、三次，仔細觀察他手臂的動作後又試了一次，結果還是一樣。這回是伊努特索出來示範。不愧是老經驗，甩得比塔貝好多了。鞭子不歪不斜、像琴弦般直直甩出去打中目標，他的手臂只是彎成八字型，前後左右交叉，自由自在操耍的鞭子像一條活的東西，甩得真的很自在。

甩鞭是駕駛狗拉雪橇的重要技術之一。甚至可以說是唯一的技術。是我橫越南極時不可或缺的技術。這天以後，我卯足幹勁專心練習甩鞭。揮甩的次數從一天兩百次慢慢增加到五百次，一個月下來，還是不夠熟練。這段期間，我臉上被倒轉的鞭尾打到而形成的紅腫條一直沒斷過，對著鏡子塗消炎軟膏也是日課之一。

第八章

成為伊努特索的養子

十月中旬後氣溫下降，低於零下二十度的日子漸漸多了。太陽冒出水平線的時間也縮短到一天只幾個小時，白天時也顯得昏暗。

我每天必跑的馬拉松也因為海邊開始結凍變得危險而暫停。於是我改以幫伊努特索搬冰塊來代替。寒風吹襲中從海邊扛冰塊回家，對老人來說是重勞動。偏偏伊努特索的房子距離海邊很遠，對他來說這工作真是艱苦。

當我冷得耳朵發紅奔進屋裡時，娜托克總是雙手包住我的耳朵笑著說「伊康那特」（好冷哦），並倒茶給我。

伊努特索有兩個兄弟和兩個姊妹。上次一起喝酒的拉斯姆斯是他弟弟。姊妹都已過世。他姊姊娜娃拉娜是圖勒地區第一任行政官福爾根的太太，是愛斯基摩人和白人之間的橋梁，也是最有見識的愛斯基摩人。她說的話常常出現在福爾根寫的《愛斯基摩之書》裡。

娜托克六十四歲，是伊米那的妹妹，伊嘎帕是她的弟弟。如此這般，村裡的人追溯血緣時多多少少都有些關係。伊努特索喜歡談往事。

「以前沒有糖、餅乾和香菸，白人遠征隊來了以後我們才有這些東西。用海豹皮交換。現在想起來他們實在很惡劣，一張海豹皮還換不到一包菸。」

「我們只有海象、海豹、馴鹿、狐狸、北極熊的皮，白人卻甚麼都有。像槍，只要手一扣，就可以殺死二、三十公尺外的獵物，我第一次看見時好驚訝。」

伊努特索和娜托克。

「我們完全不知道南邊是甚麼樣的國家。我本來以為姊姊娜娃拉娜嫁給福爾根去丹麥一定很苦。沒想到去的是童話之國，我半羨慕死了。姊姊從丹麥回來時告訴我們許多許多事，都是讓大家訝異不已的事情。那裡很多茂密高大的綠樹，果實裡滿是砂糖。房子也高，上面又加一層、兩層，住著人。娜娃拉娜說的事情叫人不敢相信，日本也是這樣吧！」

伊努特索年輕時在政府機關上班，擔任極地遠征隊的嚮導，是西奧拉帕魯克的教養之士。也因為如此，他似乎感受到白人有形無形給他的人種歧視。像沙奇烏斯老人那種輾轉極地追逐獵物討生活的人，對白人只有優越感，沒有自卑感。他們完全不關心白人。但是像伊努特索這種有機會接觸白人的愛斯基摩人，對白人就抱有某種感情。

「白人欺騙我們。我好幾次加入遠征隊，那些白人絲毫不懂地理，連五隻狗拉的雪橇都走得歪七扭八，還裝腔作勢耍威風。二十年前，我和法國遠征隊前往加拿大。我覺得沒甚麼意思，說要回家時，白人混蛋居然用槍威脅我。我以為日本人也是白種人，沒想到和愛斯基摩人一樣，我很驚訝。」

伊努特索說著，握住我的手。不只是他，圖勒地區的愛斯基摩人都說我是「日本・愛斯基摩人」。他們看到日本人和愛斯基摩人膚色相同、臉型相同，非常高興。我到西奧拉帕魯克後蒙受他們愉快的接納，或許不是我煞費苦心吸引小孩的體操，而是這種同族意識。

我乘坐木筏沿亞馬遜河而下時也是這樣。聽到我要單獨溯河而下六千公里的計畫時，祕魯的軍方和警察都認為這是瘋狂行為。所有人都說河畔的印第安人很殘暴，搞不好被抓去殺了吃掉。但是我看到留著黑色馬桶蓋頭的印第安人瞬間，我像看到了白人感受不到的朋友。看到住在蒂蒂喀喀湖上的烏洛斯族印第安人時也一樣。如果自己心裡有那麼一絲絲人種歧視和優越感，不管表面上怎麼掩飾，對方還是會敏感察覺的。我那時感受到的朋友意識，或許就是此刻伊努特索在我身上感受到的。我打從心裡有向伊努特索和讓我想起鄉下媽媽的娜托克撒嬌的感覺。

有一天閒聊時，伊努特索突然問我願不願意做他的養子？我大吃一驚。在日本收養子是件大事。我的父母健在，我也沒打算一直住在這裡，頂多一年就要離開。我努力向伊努特索說明我的情況。但他毫無反應。對愛斯基摩人來說，收養子不是大不了的事情。愛斯基摩人很多私生子，父母早死的情形也不少。另一方面，小孩子十五歲左右就是一個成熟的獵人了，幾乎都要離家自立，很多家裡沒有小孩。因此，愛斯基摩人的社會可以很輕易地結養子緣。

我接受伊努特索的要求。儀式很簡單，只是三個人把手伸出來疊在一起。娜托克緊緊握住我的雙手，喜不自禁。要是在日本，這時一定會舉辦慶祝宴會，但現在村裡不剩一滴酒。娜托克用熱水泡茶喝，伊努特索只是咀嚼生鯨肉。但是我很滿足。這種人和人之間溫暖肌膚相觸的心情讓我感覺無上幸福，比我今後在這裡的訓練會更順利還要讓我高興。從那以後，我稱伊努特索「阿搭達」，稱娜托克「阿娜娜」。後來我悄悄計畫去烏帕那維克（Upernavik）的雪橇之旅，做了不少不孝（？）的事。

第九章　開始準備過冬

十月中旬以後，大白天屋子裡也陰陰暗暗，必須整天點著油燈。這時候愛斯基摩人開始準備過冬。伊米那拿出木板和鋸子製造雪橇。他穿著北極熊皮大衣，嘴裡哼著歌，慢慢拉扯鋸子。柯提陽加的太太蕾琵卡在縫馴鹿皮大衣。連十二歲的妮希娜也翻出零碎的海豹皮縫手套。卡利兄弟專心編製套在狗身上的皮帶。大夥兒都在準備過冬。

最近，超過零下二十度的日子多了，只穿羽毛衣會冷，無法在戶外停留半天。我的靴子是伊努特索爸爸送的海豹皮靴，勉強可以過冬，但要駕駛狗拉雪橇，不穿毛皮外套根本無法禦寒，於是請娜托克媽媽幫我縫馴鹿毛皮外套。

娜托克媽媽拿出三件馴鹿毛皮，毛皮有點乾縮僵硬。這要用鯨魚的筋當縫線，但我懷疑縫針能夠穿過這麼厚硬的毛皮嗎？娜托克媽媽先用水沾濕毛皮，再用頂端扁平的棒子敲打毛皮到軟。這工作相當吃力，跟我們日本人的針黹想像相差太遠。毛皮稍為柔軟後，她幫我量尺寸。她讓我站著不動，用手掌量我的身高，用手臂量我的身寬，不時要我縮下巴挺直背，和訂做西裝時完全一樣。她這樣就能知道我的正確尺寸嗎？不會鬆垮垮的或是太小吧？

量完尺寸後，她接著裁剪毛皮。她拿出扇型的刀子輕鬆剪著毛皮。

愛斯基摩的女人都是這樣。妮希娜用海豹皮幫我縫手套和靴子時也是用她的手掌貼著我的手掌取尺寸後，立刻動刀剪皮。別說是上衣，手套若是鬆垮垮的也不能用，我擔心成品，但是妮希娜做的滑雪手套非常合手。

娜托克媽媽滿面笑容。她微駝著背拿針的樣子和我鄉下的母親無異。外套成形後，她在帽子周圍縫上擋風的北極狐尾，袖口縫上北極熊毛皮，就大功告成。這件外套花了娜托克媽媽四天的時間。我立刻穿上，非常溫暖。在房間裡穿甚至覺得熱。雖然穿在身上硬邦邦的，但是絲毫沒有手腳施展不開的拘束感。我對娜托克媽媽不用量尺就能用堅硬的毛皮做好一件合身外套的本事讚歎不已。

伊努特索爸爸看到我的樣子，興奮地說：「哦！我的愛斯基摩人！」比我矮十公分的娜托克媽媽兩手伸進頭套裡捏我的臉頰，像逗弄嬰兒似高興地說：「Naomi，只要有這個，再冷的冬天都不怕。」我早已過了三十歲，這樣被當成孩子看待還是頭一回，但我以此為樂。

該如何回報娜托克媽媽的好意呢？我想讓她知道我的喜悅。我一邊喊著「好暖和、好暖和，而且剛剛好」，一邊跑到陰暗的屋外，拿起伊努特索爸爸掛在屋頂上的雪橇鞭用力甩。

笨鳥海鷗

太陽漸漸變低、村裡準備過冬時，伊米那不再駕海皮艇去打獵，而熱中在岸邊打海鷗。十月的某一天，伊米那對著天空開槍。愛斯基摩人來到海邊，準星瞄向海裡是打鯨魚，對著天空一定是打海鷗。海鷗中彈掉落海上，附近飛翔的海鷗立刻爭相攫食掉到海裡的同類。伊米那再度開槍，瞬間就打下五、六隻海鷗。看這情況，射擊技術再差如我也能輕易打到。

被擊落的海鷗在距離岸邊二、三十公尺的海面浮沉。但是伊米那還是不動海皮艇。我想幫忙，穿著羽毛衣和海豹靴奔到海邊。

「伊米那，我駕海皮艇去撈海鷗吧！」

伊米那咧嘴一笑說：「不用，等一下牠們自己會送過來。」

果然，不到十五分鐘，海鷗被海浪送上伸手可及的地方。淺灰色的鳥身和雞差不多。我拔掉羽毛，翻轉鳥身觀察時伊米那叫我。

「Naomi，把海鷗拿過來。」

伊米那接過海鷗，用力握住羽毛根部，海鷗就像機器人般豎起全身羽毛。全長有一公尺吧！伊米那模仿海鷗的叫聲，張張合合翅膀。我起初以為他要弄死海鷗，後來才知道這是愛斯基摩人誘鳥的手法。沒多久，消失在視界裡的海鷗又開始三三兩兩地出現。接近四公尺外時伊米那就開槍射擊。

這個策略沒效後，他把海鷗數度高高拋到天空，然後迅速蹲在地上架起獵槍。這樣重複兩、三次，海鷗又上勾了。這裡的鳥太缺乏警戒心。但是看見海鷗一再上這類簡單詭計的當，我想，或許不是警戒心的問題，而是牠們原就是笨鳥。

「海水就要結凍，鳥也暫時不再來了，獵鳥只有趁這時候。」

伊米那捧著一大堆海鷗說。愛斯基摩人吃海鷗是水煮加鹽，味道很像雞肉。海鷗肉質比日本的嫩雞結實，味道更好。愛斯基摩人去獵海豹、海象時總會順便獵兩、三隻海鷗回來。因為丹麥政府指定海鷗為害鳥，鳥腳還可以拿去貿易商會一隻賣五十日圓。柯提陽加總是帶著四、五隻海鷗回來，用鳥腳換錢幫兒孫買餅乾。

海鷗在天空翱翔時，沙丁魚般的小魚會大量湧上海灘，這時候的熱鬧也不輸鯨魚湧來時。全村出動，拿著水桶在岸邊撿魚，或划著海皮艇出海用網子撈。每個人最少搬五趟桶子回家，平均超過五十公斤吧！這種小魚和海象的生肉一樣不能立刻生吃。需要用鹽醃過才吃。這魚內臟很多，水煮後魚身支離破碎。大概大家也怕雙盤吸蟲，總要放個幾天凍得僵硬時才敢生吃。整個十二月，愛斯基摩人嘴裡都嚼著這魚。

第十章

獵海豹

有一天，伊努特索爸爸來叫我。

「Naomi，我們就要去獵海豹，快準備船！」

冬天即將來臨，海面呈半結凍狀態，濃稠地像灑上一層灰。海浪也不大，翱翔海上攫食海魚的海鷗最近完全不見蹤影。朦朧的太陽露出水平線上，海面也不見金光閃爍。船出海沒問題嗎？

「這是今年最後一次出海獵海豹了。不用很遠，出了這個峽灣就有海豹。你去準備引擎，我去找年輕人。」

伊努特索說完，走向村裡。我穿上娜托克媽媽幫我縫製的新皮裘和北極熊毛皮褲，扛起來福槍，走到海邊。陌生人看到我，從長相、裝備、扛著來福槍的架勢，一定以為我是愛斯基摩人。海邊已完全結凍，腳下會打滑，相當危險。我把燒球式引擎點著火，等引擎熱機後，伊努特索爸爸帶來兩個年輕人。二十八歲了還不時流口水的卡庫，和眼睛有點斜吊、臉像狐狸的塔奇陽加。塔奇陽加是村裡著名的花花公子。他和右鄰的女兒有個十二歲的私生子，又和左鄰的姑娘結婚生了三個孩子。但是他還不滿足，總是追著村裡的姑娘團團轉。

冰冷的引擎需要一些時間熱機。下午兩點，太陽從水平線上露出臉時，我們終於把船開到凝結薄冰的海上。火紅如臉盆的太陽不升不降，只是橫掛在南邊。

「Naomi，這是今年最後的太陽，從明天開始一直到二月，它都不會再出來了。」伊努特索爸爸說。

呼出的氣像香菸的煙。我以前看到夕陽時從來不會覺得感傷。此刻身在超過零下四十度的嚴冬格陵蘭，想到真的要四個月後才能看得見太陽時，莫名地感傷起來。卡庫站在船尾抽菸斗，用腳操舵。船開進稍為厚一點的冰群時，再怎麼加強馬力，就是不前進，只好迂迴向前。塔奇陽加在長矛頂端加上銼刀，又用繩子沾點石油清掃生鏽的槍管。伊努特索爸爸拿著望遠鏡搜尋海豹蹤跡。今年最後的太陽對他們來說，只是年年重複的生活一部分。

來到離岸一公里的峽灣入口時，伊努特索爸爸喊道：「海豹！卡庫，引擎別開得太大，牠們會逃掉！」

我和塔奇陽加把子彈塞入槍膛，望著伊努特索手指的方向。四百公尺外的新冰上有個黑點。雖然引擎聲音已經關小，但在屏息靜氣的我耳裡，在細微的碎冰聲音中仍顯得噪耳。船以人走路的速度緩緩靠近海豹。伊努特索爸爸揪下一根馴鹿毛拋出去測風向。

「卡庫，再向右繞一點，直直過去牠會跑掉。」

海豹的解體作業。

伊努特索爸爸陸續指示卡庫。為了不讓海豹發現，我們從下風處接近。接近一百公尺時，伊特索爸爸要卡庫關掉引擎，自己拿槍走到船頭。卡庫也拿著槍，船頭並排著四管槍。起初只看到一個小黑點的海豹，接近一看，是身軀不輸海象的鬍鬚海豹。牠的長鬚在鼻頭處分向兩邊，看得很清楚，牠不知道我們正瞄準牠，身體重重地倒在冰上。

「等我喊出『呀！』的信號時一起開槍，在那之前，海豹即使在動也不能開槍，知道嗎？Naomi。」

峽灣裡沒有一絲浪頭，船靜止不動。我瞄準來福槍的準星尖，手指扣著扳機，屏息以待。一直盯著海豹的伊努特索爸爸吹了一聲口哨，海豹不明所以、表情緊張地抬頭看著我們這邊。我立刻把準星對著海豹頭部。伊努特索爸爸瞬間發出「呀！」的信號，四管槍一起開火。海豹的頭沉沉垂落冰上。我們再度開動引擎靠過去，子彈都準確地命中頭部。但是只有三發，四人同時開槍只中三發。誰沒打中，那還用說？

他們立刻在厚二十公分的新冰上徒手肢解海豹。零下二十五度的溫度下，他們的手肯定很冷吧！不時把手浸在冒著熱氣的海豹內臟裡，暖手後再繼續作業。

海豹的解體方式有兩種。端看海豹皮要賣給販賣所或是做皮鞭。前者很簡單。讓海豹仰臥，一刀從頭剖到尾，盡量不留皮下脂肪地剝下整張皮。

要做皮鞭時稍為麻煩。先把海豹切成一截一截，再把刀子鑽進表皮和皮下脂肪間剜下皮來。就像切墨魚圈一樣。帶回家以後，再用刀子切成細長的皮繩，編成狗拉雪橇用的皮鞭。

剝皮作業結束，開始肢解軀體，一一掏出內臟。肢解時他們不時抓點肝臟送進嘴裡。愛斯基摩人稱之為「七古」，是獵殺海豹時最大的樂趣之一。他們只生吃肝臟，另外留下小腸和心臟，其他內臟全都丟到海裡。

肢解海象時能生吃的東西很少，只有腦漿和心臟周圍的血管。這些血管用滾水川燙一下，味道像墨魚，非常好吃。我在回村的雪橇上也邊撕邊吃。

我想幫忙肢解作業，但新冰還不怎麼厚，非常危險，只好坐在船上接收肉塊。馴鹿皮裘非常溫暖，雖然太陽已傾斜，身體絲毫不覺得冷，但是手就不行了，因為必須徒手抓住帶血滑溜的肉塊。手接觸到肉的瞬間感覺溫暖，之後因為接觸外氣，像針刺般疼痛，很快就僵得不聽使喚。

我本來對耐寒很有自信，因為經歷過幾次嚴酷的體驗。我曾在聖母峰頂徒手轉動十六厘米攝影機，也熬過零下四十度的大朱拉斯山的寒凍。但是看到現在這雙禁不起寒凍的手，才知道在大朱拉斯山是有小西等六位同志會的成員幫忙、在聖母峰是有松浦兄的細心指導，我才能挺過那份嚴寒。我竟錯覺是靠自己的力量達成，真是慚愧。

我不管會不會弄髒臉，把手貼在臉頰上，溫熱以後繼續屯貨作業。整個肢解過程僅僅十分鐘。

熟皮

海豹不只是愛斯基摩人重要的食物來源，也是少數能換錢的物品之一，因為村裡的貿易商會收購海豹皮。熟皮是女人的工作。她們在水桶裡豎著一塊板子，翻轉表皮浸在桶裡，再用獨特的扇型刀子刮淨皮下脂肪。水桶放在地上，她們張開雙腿彎身用力刮脂肪的樣子和日本早期的婦女洗衣風景完全一樣。刀子很銳利，她們手下俐落，不傷一點海豹皮。我發現她們不時把東西塞進嘴裡，這時候的海豹皮應該沒有能生吃的部分了，她們在吃甚麼呢。再仔細一看，只見她們撕下皮和皮下脂肪之間的一層白膜放進嘴裡，津津有味地嚼著。我也撕一點嚐嚐，無味無臭，像嚼沒有味道的口香糖。她們邊嚼邊把脂肪清除乾淨，沖洗後在皮的周圍打洞，穿過繩子掛在外面乾燥。為了怕狗吃掉海豹皮，晾皮時都放在屋頂或木框架上，在寒風中兩天就完全脫乾水分。拆掉繩子後毛皮硬得像一片板子。拿到貿易商會去賣錢，再買回生活必須的糖、茶葉、餅乾等。

第十一章

擁有狗拉雪橇

以十月二十日為界，太陽完全從視界消失。此刻，只有高度不到九百公尺的後山冰帽還留著紅色的殘陽餘暉。半結凍狀態的海已完全一片冰藍。戶外整天陰暗，天空星光閃爍。

我不能茫然過日子。我組裝卡札馬斯基幫我試做的狗拉雪橇。這個雪橇原型是一八八八年、首度用於橫越格陵蘭的南森型①，日大隊（池田錦重隊長）於一九六八年加以改良。日大隊的五名隊員駕著兩輛這種改良型雪橇，耗費四十天完成橫越格陵蘭八百公里的探險，順利越過途中的山岳地帶、冰河、冰河裂口等艱險地區。

我想用愛斯基摩犬拉這種雪橇。寬度增加為八十公分，長度也增加到三・五公尺，好多載一點貨。滑板的前面部分也特別加強。全部重量十八公斤，可以乘載三百至四百公斤的貨。

狗是以一隻一百克朗的代價向伊努特索爸爸和柯提陽加各買一隻。雖然想自己從頭開始訓練，但時間已經不夠。這兩隻都是公狗，身體比秋田犬稍小，但腳很大。柯提陽加那隻狗是黑色的，我叫牠「康諾特」（黑），另外一隻是白色，我就叫牠「卡扣特」（白）。我另外向卡溫那買了兩隻兩歲大的狗兄弟。卡溫那強力向我推銷：「我的狗很會拉雪橇，你一定要買。」可是我問了幾次還是記不住狗的名字，只好用牠原來的主人名字「卡溫那」叫牠。卡溫那很生氣，說怎能用他的名字叫狗，我這樣做的話，他就不賣了。說的也是，看到被鞭打斥罵的狗和自己同名，誰會有好心情？但是他老早把賣狗的錢買香菸花掉了，不得不默允「卡溫那」這狗名字。二月時我駕著狗拉雪橇南行三千公里，那時狗的數目已經增加到十三隻。牠們的名字總是困擾我。我暗自決定，雖然有些抱歉，但還是以賣主的名字稱呼牠們。從烏帕那維克回來的路上又買了幾隻，那些狗就用牠們原來居住的部落命名。

帶狗回家非常辛苦。柯提陽加就住我隔壁，隨手就牽回家。卡溫那的狗則讓我吃盡苦頭。我幫牠們套上新皮帶要牽走時，牠們對要離開同伴好像很不安，走沒兩步又竄回原來的地方。牠們的力氣很大，我一個人拉不動。一旁笑呵呵的卡溫那看不過去，伸手幫我。但他不是幫我拉牠們，而是拿出一片木板，使勁捶打想要逃到狗群裡的兩隻狗的屁股。他不是隨便拍拍，真的是使出吃奶的力氣打，狗兒哀嚎四竄。我看他那麼用力，擔心把狗打成骨折。不過，這是愛斯基摩人最普通的馴狗方法，我後來才知道，這些狗是好好待牠反而會威脅主人生命的危險動物。

我找個小孩幫我牽一隻、自己拖著一隻帶回家，綁在門外。五隻狗彼此並不相靠，呈放射狀散開轉圈子。新的環境似乎讓牠們覺得不舒服。

不到一個小時，狗群開始打混仗。我拿著油燈出去一看，康諾特和卡溫那狗兄弟撕咬正熱。康諾特比卡溫那狗兄弟大上一輪，勝負立見。一隻腳被咬得流血，哀叫逃竄。另一隻耳朵被咬流血。這一架確立了康諾特的狗老大地位。只要康諾特一靠近，連卡扣特也垂頭逃開。從此以後，卡溫那狗兄弟完全扮演敗犬的角色，新加入的任何一隻狗都會狠狠修理牠們一頓。拉雪橇時牠們躲在左右兩端，盡可能遠離其他的狗。

狗總是處在飢餓狀態

圖勒地方的狗食是海豹、海象、鯨魚等生肉。和愛斯基摩人的飲食生活幾乎無異。我驚訝的是每週只餵食三次，因此一個星期裡，狗食時有時無。獵物少的夏天尤其淒慘，常常三天只餵一次。因此狗也有覺悟，在下次餵食以前盡量不消耗體力，靜靜躺在門前不動。我剛來時看到愛斯基摩人為了確保糧食而不餵狗吃東西，覺得他們殘忍無情。但是進入雪橇季節後，實際讓狗拉雪橇時才明白。如果每天餵食，狗會變得肥胖遲鈍，而且胃裡有東西，跑起來會嘔吐不止。愛斯基摩人很清楚讓狗吃飽是浪費。

餵狗的日子一到，就把肉塊剁成小塊分別丟給狗吃。如果一次全部丟下去，弱小的狗就搶不到肉。即使搶到，強狗也會咬牠的脖子從旁搶走，於是強狗更肥更壯，弱狗更瘦更弱。愛斯基摩犬不咀嚼肉塊，是整個吞下去，因為慢吞吞咀嚼時肉塊也會被別的狗搶走。真正是弱肉強食的世界。

這個冬天，我的親人就是這些狗。和人一樣，每一隻都有名字和個性。關於牠們，我在雪橇獨行三千公里的部分再詳細介紹。

第一次駕駛狗拉雪橇

太陽不再從水平線露臉後，海面上鋪滿一層冰，但是那些冰常常會在瞬間就從視界裡消失。即使外行如我也知道那個前兆。零下二十五度的氣溫突然上升十度左右，吹起微溫的風。那猶如女性般稜線緩緩起伏的內陸山頂剛罩上傘狀的白霧，又突然颳起狂風。海上傳來像小貓叫似的冰塊推擠傾軋的聲音，把先前凍結的冰一口氣推出外洋，海面又開始浪濤起伏。但是風一停止，海面立即又恢復黏稠的麥芽糖狀，再度結成冰塊。十一月以後，海浪和冰的變換次數減少後，冰就真正固定了，三公分、四公分、五公分地慢慢變厚。這時候也是狗拉雪橇出動的季節了。

和我同年的卡利教我駕駛狗拉雪橇。他每晚留在我家，教我打獵和駕駛雪橇的技術。他也教我怎麼做套在狗身上的皮帶。有一天，卡利又來了。

「今天要駕雪橇去獵海豹，如果你要一起去，可以坐我的雪橇，我教你怎麼操縱。」

這陣子海面上一下子結冰、一下子變水地反反覆覆，他們不能開船或駕雪橇出去，無法獵到足夠的海豹。他們的現金收入是靠賣海豹皮，這段期間每一家都過得拮据，只能用海象的牙和下顎骨做些人偶，或編製漂亮的皮鞭出售。柯提陽加跟我借錢，卡溫那非要賣狗給我都是這個緣故。他們最焦慮的是不能買酒。十一月份配酒的日子早已過去，船和雪橇出不去也無計可施。他們只好伸長脖子等著海面的冰固定。

期盼的日子終於來了。卡利的聲音滿含亢奮。

我初乘雪橇的興奮勝過獲得新鮮食物的喜悅。終於能夠親眼見識一下愛斯基摩人的狗拉雪橇技術。我到西奧拉帕魯克的最大目的就是學習這個技術，於是非常興奮地坐上卡利的雪橇。

卡利讓十三隻狗呈放射狀地拉著雪橇。狗在出發以前都很亢奮，不知是意氣昂揚還是恐懼不久將打到身上的鞭子？卡利坐在雪橇正中間，右手的皮鞭在空中抽出一道響亮的聲音後大吼一聲：「呀──！」身體一陣撼動，雪橇奔馳在冰上。卡利的駕駛技術並不複雜，雪橇就像機器人般聽命卡利使喚而前進。我看他只是稍稍揮動皮鞭，雪橇就順利奔馳，指揮狗好像很簡單，暫時感到放心。看來，我只要記住基本的使喚用語，大概也沒問題吧！

可惜這個想法太過天真。我第一次駕駛狗拉雪橇時狗根本不聽使喚，惹得圍觀的愛斯基摩人個個捧腹大笑。這事以後再述。

狗拉雪橇用語

這裡暫先說明一下狗拉雪橇的用語。

呀—呀—（走）
哈庫哈庫（向左彎）
阿邱阿邱（向右彎）
啊咿啊咿（停）
摳法（再快一點）
那諾後阿（有獵物、快跑）

阿咿（慢慢跑）

喔雷哄（別吵、安靜！）

嘶、嘶、嘶（集合發音像吹口哨）

阿嘎契、阿嘎契（過來）

雷—雷雷雷（去找海豹來到可能有海豹的地方，發出「雷—雷雷雷」的聲音後，狗就會放慢速度，放低鼻子猛力吸嗅，之後，牠臉抬起的方向就是有獵物的方向。我跟他們去獵過幾次，沒有一次出錯過。）

我們前進三十公里左右，卡利向狗發出「雷、雷雷雷、雷雷」的打舌聲音，全力前奔的狗群突然放慢速度，四處觀望。原先筆直前行的雪橇一下子彎這裡，一下子彎那裡。沒多久，狗停下腳步，豎起耳朵，鼻子朝著同一方向抽動。

「呀—，呀—，Naomi，狗發現海豹了。呀—，呀—。」

狗再度全速前進，大概有時速三十公里吧！我的臉部接觸空氣，冷到刺痛的程度，幾乎無法正面迎風。我躲在卡利背後，從他肩上露出頭來。一片茫茫的海冰上，只有狐狸的腳印，沒有海豹的身影。狗發現的不是海豹，而是網球般大小的海豹呼吸孔。海豹是哺乳類，雖然在海中覓食，但還是要用肺呼吸，時間一到就必須把鼻子露出水面呼吸，否則會窒息而死。因此冰封海面時海豹會確保幾個呼吸用的洞孔。狗發現的就是這種洞口。卡利確認洞口後，讓我坐在雪橇上，小聲發出「呀—」的信號。狗就讓卡利單獨留在洞旁，把雪橇退到離洞約一百公尺遠的地方，豎起耳朵，守候卡利的動作。

卡利揪下一根毛丟到空中測風向，把槍架在下風處離洞口兩公尺的地方。大概是聽到海豹游來的聲音吧！他脫下馴鹿皮裘的帽子。我也摘下帽子豎耳傾聽，但是耳朵受不了寒凍，不到一分鐘立刻戴上。卡利很有耐性，等了三、四分鐘，突然架起槍，瞄準洞口發射。

槍響同時，狗一起衝向洞口，我在雪橇上翻個筋斗。卡利開槍後扔下槍枝，拿起一根綁著大鉤的棒子往洞裡戳攪，要鉤住海豹，不讓牠沉到海裡。鉤起來的是一公尺左右的髯鬚海豹，不算很大。但這是卡利半個月來的唯一收穫，他非常高興，完全忘了要教我怎麼駕駛雪橇，也沒將海豹肢解，直接放上雪橇，得意洋洋地載回村裡。

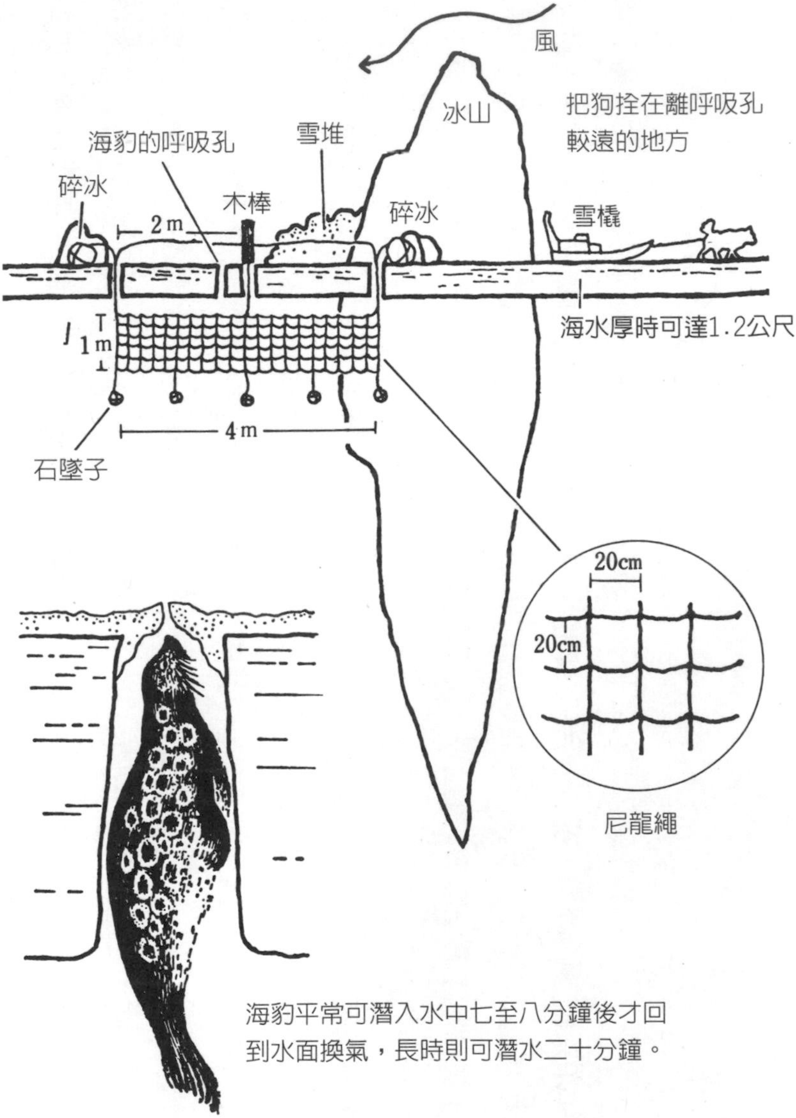
風
冰山
把狗拴在離呼吸孔
較遠的地方
海豹的呼吸孔
雪堆
碎冰
木棒
2 m
碎冰
雪橇
1 m
海水厚時可達1.2公尺
4 m
石墜子
20cm
20cm
尼龍繩
海豹平常可潛入水中七至八分鐘後才回
到水面換氣，長時則可潛水二十分鐘。

網捉海豹

愛斯基摩人冬天獵殺海豹，也會使用網子。

先在海豹呼吸孔旁邊每隔兩公尺用鐵棒戳開一個洞，總共戳開三個。接著從正中央的洞放下長四公尺、寬一公尺的大網，繫在網兩端的繩子再從左右兩邊的洞裡拉到冰上。網子裡面放五個石墜，沉到冰下。這時，網和冰之間必須保留相當空隙，如果緊貼著冰下，會被凍住黏在一起。在十二月底，海冰厚度超過一公尺、氣溫也低到零下四十度，用尖鐵棒敲冰鑿洞的工作非常費力。放好網後，就等第二天來收網。他們像釣魚似的扯扯吊著網子的繩子，如果有沉甸甸的感覺，就知道抓到海豹了。這時把中央的洞鑿開成直徑一公尺左右，撈起被網子纏住的死海豹。海豹不是攻擊性動物，但是脾氣發作時也能輕易顛覆海皮艇。我起初以為這只是網捉海豹的方法，後來才知道是讓海豹纏在網上窒息而死的獵法。

這種獵法看起來沒甚麼技術，其實不然。有人每天放網，一個星期也捉不到一隻。有人一張網就捉到兩隻。仔細觀察，技術的高下之分是看在甚麼地形下網，和冰的龜裂狀態及海豹呼吸孔情況也有重要關係。

在海裡有鯊魚捕食，在海上又有北極熊、狐狸和人獵殺，海豹的生存空間何其狹窄啊！看到牠們陷在網中窒息而死的可愛臉龐，不由得心生悲憫。但想到久未嚐到的新鮮肝臟又忍不住吞口水，人真的很自私。

【注釋】

① 南森：指Fridtj of Nansen，一八六一—一九三〇年，挪威北極探險家、海洋學家、政治活動家。曾於一八八八年跋涉格陵蘭冰蓋。一八九五年乘「佛蘭姆號」（Fram）往北極探險，到達北緯八十六度十四分。後因從西伯利亞、中國和世界其他地區遣返五十萬名戰俘和直接援救俄國遭受飢餓的人民，而於一九二二年獲得諾貝爾和平獎。

第四部
我的雪橇訓練計畫

我的狗最多曾達十二、三隻，匆忙往返西奧拉帕魯克和卡納克時，則只有四、五隻。

第十二章 初到卡納克

我念茲在茲的雪橇之旅定在十一月十四日。生平第一次用自己的狗拉自己的雪橇。目的地是卡納克。路途七十五公里，是第一次嘗試狗拉雪橇旅行的適當距離。海冰厚度已超過十公分，雪橇也可以跑上外洋。三天前，半數以上的村人都已出發往卡納克，村裡只剩下老人、孩子和雪橇還沒修好的人。

出發前夕，我的不安一波波湧來。萬一途中雪橇壞了、天候突變讓我進退不得、幽暗的夜裡海冰突然裂開、掉到海裡……，不安與期待交織，根本無法入睡。在準備告一段落的午夜三點喝杯熱咖啡後，更是睡不著。

我只好梳洗一番來打發時間。卡納克人口四百人，是圖勒地區最大的部落。大概有不少年輕姑娘吧！我穿著沾滿血污、半年多沒洗的襯衫又污垢滿臉，一定很醜。我洗臉刷牙，牙齦有點出血，身心像嚼過薄荷般舒暢。

結果一夜沒睡。早上九點，戶外還是一片漆黑。我先把炊煮用具搬上雪橇，再放上裝了柴刀、鋸子的木箱。這是萬一雪橇壞時用來修理的工具。鍋子、石油爐、一公斤砂糖、二十片麵包、茶葉，還有兩塊三十公斤重的海象凍肉。也帶了換穿的毛衣、手套、襪子、羽毛衣等。海象凍肉放在橇前，蓋上馴鹿毛皮，和來福槍一起固定好，準備妥當。行李重量全部近二百公斤。

這趟旅行，卡溫那的兒子米茲要和我同行。但是約定的時間已過，還沒看見他的人影。我通宵沒睡，火氣難免湧上來。心想既然這一趟是個訓練，單獨行反而較好，因為將來去南極時也是我單獨一人。於是我決定不等米茲，逕自出發。

我穿著馴鹿毛皮外套、北極熊皮褲、海豹皮長靴，跨上五隻狗呈扇狀拖拉的雪橇，大聲發出「呀——」的命令。可是狗都沒有開跑的意思。平常伊努特索或卡利一聲令下就忠實行動的狗，此刻不管我怎麼「呀——、呀——」地發號施令，就是沒事人一樣。是因為換了主人就要作怪嗎？還是小看我呢？

柯提陽加的太太蕾琵卡和伊米那從窗子露出臉來。

連小孩子都一副來看我本領的表情，千萬別搞得灰頭土臉啊！我壓抑怒氣，表面上笑嘻嘻且從容地再次發出「呀——、呀——」的命令，但是那些狗還是馬耳東風有聽沒有到。我開始用鞭。可是我這一直沒練好的技術不可能突然變好。鞭子照舊沒有打中狗，反而對準我的臉彈回來。啪！我痛得眼冒金星。小孩子哄然大笑，蕾琵卡和伊米那也隔著窗戶在笑。我十分狼狽。想自己推雪橇，但載著兩百公斤貨物的雪橇文風不動。

我放棄甩鞭，用木柄一隻隻捶打狗的屁股。但狗只是哀哀叫，並不往前跑，而且繞著雪橇團團轉，繩子都糾結在一起。這個樣子怎麼到得了七十五公里外的卡納克呢？而且是獨自一人在漆黑的海冰上……。可是我現在也退縮不得。我有點想哭。伊米那的孫女麗琪娜覺得我可憐，靠過來幫我一隻隻鞭打狗，瞬間就做好出發準備。然後麗琪娜跑在狗的前面叫了一聲「呀——」，五隻狗一起開步跑。我趕緊跳上雪橇。愛斯基摩人的「呀——」聲和我的「呀——」聲到底有甚麼不同？算了，總之能夠上路就好。

雪橇發出叭哩叭哩的聲音奔馳在藍藍的海冰上。平常覺得刺骨的寒風此刻吹在頰上，感到舒暢無比。我完全忘了剛才被孩子們笑的事，興奮地哼著出征歌謠，彷彿駕著勞斯萊斯一樣拉風。

但是風馳電掣的快感非常短暫，離開西奧拉帕魯克十公里，來到上次和伊努特索獵海豹的冰山附近，狗群突然轉個大彎向來時路奔去。我是靠麗琪娜的幫忙才出發的，不知道如何命令狗群轉向。起先我急著喊「跑反了、跑反了」、「不是那裡」，但揮鞭也沒效果，最後只有放棄，坐在雪橇上，呆呆望著漸漸接近的西奧拉帕魯克部落。

村人看見出發幾十分鐘後的我又回到村裡，全都捧腹大笑。是狗不願意和陌生的主人長途旅行嗎？我如果不能操縱雪橇自如，就別想到卡納克去。我只好暫停計畫，先把重點放在練習駕雪橇上。

和米茲一起再度出發

那天中午，我茫然坐在屋前，聽到有人叫我。今早應該和我一起去卡納克的米茲駕著狗拉雪橇過來。

「Naomi，我們這就去卡納克，快點準備！」

即使我想去，可是狗不聽話，沒有辦法。

「算了，我的狗不想去卡納克，今天不去了。」

「你跟在我後面就沒問題。今天沒有風也沒有雲，快點準備吧！」

我的心有點活動。我單獨去要靠地圖和羅盤。但這是米茲從小走慣的路，即使沒有太陽，只靠星光，他也像走自家庭院一樣熟悉。雖然單獨行有助於訓練，但畢竟是第一次雪橇旅行，應該以安全為上。我決定跟他去。

第二次的出發就沒那麼辛苦。米茲的狗一開跑，我的狗不用鞭策也拚命追在後頭。渡過寬近二十公里的峽灣，來到海岬尖端。九月時燒球式柴油引擎船航過的海如今變成一面大冰原。西方遠處的地平線上冒出哈佛島的蹤影。

我拚命鞭策狗群別跟丟了米茲的雪橇。米茲的雪橇比我的短一公尺，卻用了十三隻狗。我的雪橇再怎麼努力仍然跟不上。每當間距拉大時我就喊著「摳法、摳法」（快跑），明知沒用還甩著鞭子。星星在天空眨眼，天色暗得看不清楚五十公尺外的米茲。米茲數度停下雪橇等待落後的我。

繞到卡基亞岬、正要渡過伊茲達索峽灣時，一輛掛著油燈的雪橇迎面而來，是三天前早一步去卡納克的卡庫。卡庫看到駕著五隻狗跟在米茲後面的我說：「五隻狗去卡納克，很辛苦哩！」我才走到一半。我在冰上攤開地圖，問他途中的路線和冰的狀況。但是卡庫不相信地圖，只瞥了一眼就說：「這個峽灣的冰有裂縫，要小心，還有不要靠近岸邊，在海冰上直直往前走就好。小心啊！」

我突然想到，卡庫有十四隻狗，回西奧拉帕魯克的路也不遠。

「卡庫，等等，借我兩隻狗吧？」

「不行、不行。」

「那，一隻一百克朗怎麼樣？」

「兩隻不行，賣你一隻還可以。」

卡庫在卡納克把錢花得一毛不剩，對他來說這是不壞的買賣。在峽灣的大冰原上，我給他一百克朗，換來一隻身上套著皮帶的狗。卡庫的油燈瞬間從我的視界消失。我必須盡快趕上米茲不可。米茲放下裝在雪橇後面的木箱，泡茶等我。狗群圍成一圈蹲在冰上。米茲像是等了很久，身體冷得發抖。

「怎麼啦？Naomi，怎麼那麼慢？」

「抱歉，我跟卡庫買了一隻狗。」

這一帶只看得見附近的冰山，再遠就是漆黑一片，甚麼也看不到。分不出眼前模糊的稜線是峽灣的對岸還是冰山。滿天星斗。銀河和每一顆星都清楚可見，頭頂是特別明亮的北極星。

離開西奧拉帕魯克已經四個半小時。昨晚未曾闔眼的我真想就地搭起帳棚睡覺，米茲卻說二十分鐘後出發。一個人被留在這裡我會不安，我趕快喝完米茲倒給我的茶。熱茶飲入冰冷的身體，味道特別甘醇。暖熱的液體通過喉嚨，溫暖了胃，漸漸擴展到全身。米茲吃了一些我的海象肉，但我只喝熱茶就夠了。

二十分鐘後，米茲再度領前出發。天色暗得連七、八公尺外的狗都看不清，米茲雪橇上那搖晃不定的油燈是我唯一的依靠。但是我的雪橇在峽灣的亂冰群阻礙下，速度顯著下降。海冰被風吹成波狀的冰山，如果老老實實地找路走就罷了，可是我的狗不管有沒有障礙物，拚命追趕米茲的狗，不停撞上亂冰群。狗繩纏在冰上。雪橇停下。狗越用力拉扯，繩子越深陷冰裡。我只好先讓雪橇後退，好拔起狗繩。前進的時速頂多五公里，米茲的油燈不知何時已從我的視界裡消失。

我獨自被留在西奧拉帕魯克和卡納克之間的伊茲達索峽灣。

這時，我突然想起一九七一年國際聖母峰登山隊發生的痛苦回憶。這支登山隊在美國的諾曼．迪倫法斯隊長領軍下，有來自十三個國家的三十三名隊員。日本隊員有伊藤禮造和我，我們和英美兩國隊員一起攀登南壁路線，奧地利、法國、德國、印度、瑞士和挪威的隊員則攀登西壁路線。

四月中。我們從高度六四〇〇公尺的第二營地再向前進建設第三營地時，印度隊員巴夫古納和奧地利隊員渥夫甘兩人身上綁著登山繩，一起去探勘路線。但是天候突然惡化，兩人放棄探勘路線，要回第二營地。渥夫甘精神比巴夫古納好一些，下來時已手腳刺痛，明顯是凍傷前兆。但不知為甚麼，回程中他們兩人之間並沒有綁上繩子，彼此之間距離一逕拉大。

渥夫甘獨自回到第二營地時，巴夫古納還在藍冰陡坡上惡戰苦鬥。狂風暴雪中，他擠出僅有的聲音呼叫渥夫甘。求助聲音傳到數公里外的第二營地。我們救援不及，趕到現場時，他已經凍死。

巴夫古納是一九六五年的印度聖母峰登山隊隊員。那時，我是明治大學哥尊巴康峰的遠征隊員，兩隊一起入山，我登上哥尊巴康峰後還到聖母峰拜訪他。同是聖母峰國際登山隊亞洲隊員的關係，他是我最親近的朋友。隊員在冰上行動要綁上登山繩保持聯繫是鐵律。我無法了解為甚麼渥夫甘和巴夫古納沒有綁上登山繩就開始行動。尤其在惡劣天候下更該注意，確定繩子綁住彼此、合作行動不可。

米茲把沒有極地駕駛雪橇經驗的我丟下不管，無法不讓我想起巴夫古納的死。但是回頭一想，今天早上我不是還決定不和米茲同行嗎？不是自以為可以應付所有狀況嗎？有了米茲同行，我不需要查看地圖、星星的位置和冰的狀態，只要跟著他的油燈走就沒錯。我太依賴米茲。我又沒有給他任何報酬。米茲還數度停下來等我，我應該只有感謝，根本沒有埋怨他的理由。

我為讓心情平靜下來，停下雪橇，點燃石油爐燒水泡茶，綁好鬆脫的狗繩和雪橇繩。我拿出地圖，調查現在的位置。我必須從峽灣周圍的地形稜線判斷，但我完全看不到稜線。從被星星遮斷的地平線來推測地形稜線，相當艱困。小憩之後，臉上吃了好幾記回馬鞭，總算來到峽灣前，眼前出現油燈的光芒。我以為是米茲在等我，鬆了口氣，但過去一看，是卡納克那邊來捕海豹的愛斯基摩人。我好失望。但另一方面，又為自己沒走錯路而高興地產生自信。將來這個經驗在南極一定派得上用場。越過兩個峽灣，卡納克就在眼前。在亂冰之上看到卡納克的燈光，我就放心了。但一路上還是要不時解開勾住的狗繩、捶打不想跑的狗的屁股，把我累得筋疲力盡。

最辛苦的是皮鞭纏在狗繩上。我戴著毛線和海豹皮雙層手套，甩鞭時動作沒有辦法揮灑自如。可是脫下手套，不到一分鐘手指尖就凍僵了。這時，我先把手套壓在屁股下，將凍僵的手伸進北極熊皮褲裡緊緊握住睪丸，好像胯下塞入一塊冰，睪丸立刻縮起來，彷彿所有的體溫都從睪丸流失一般。我就這樣緊握五分鐘，等指尖恢復知覺。一路上我反覆好幾次這動作。

接近卡納克時，我的狗發現雪橇的痕跡，立刻加快速度。到達卡納克時已過午夜兩點。離開西奧拉帕魯克已經十四個小時。愛斯基摩人八個小時就到了，我卻用掉近兩倍的時間。這是我生平頭一遭的狗拉雪橇之旅。雖然累，但平安到達卡納克的興奮更大。

夜晚的卡納克不見人影。我在村邊的海冰上搭起帳棚，拿海象肉餵十四個小時裡甚麼也沒吃的狗。我完全累癱了，也沒吃海象肉，只喝了一杯茶和兩片餅乾，倒頭就睡。

狗吃屎

第二天，我被帳棚外的嘈雜聲音吵醒。我躺在睡袋裡，身體冷得僵硬。我用石油爐烤暖身子後，解開帳棚的繩子，打開帳棚門。冰冷的外氣流入，帳棚裡充滿水蒸氣似的霧氣，甚麼也看不見。我把頭伸出去，一群愛斯基摩人正七嘴八舌地圍著帳棚說話。

「哈伊那乎納咿。」（你們好）

這些人我都不認識，但都像西奧拉帕魯克人一樣笑嘻嘻地親切招呼。

「你從哪裡來啊？」

「西奧拉帕魯克，昨天很晚時來的。」

「帳棚很冷吧！到我家吧！很溫暖哦。」

穿著棉袍、兩手塞在北極熊皮褲口袋裡的老人跟我說。即使睡過一晚，仍然沒有消除昨天的疲勞，背肌僵痛。我很高興地接受老人邀請。果然和帳棚不一樣，屋子裡相當溫暖。冷僵的臉頰癢癢的像長了凍瘡。我脫掉毛皮外套向老人寒暄。

「你好，我叫 Naomi Uemura。」

「我叫阿納屋卡。」

阿納屋卡緊緊握著我的手，一一為我介紹不請自來的村人。

「這位是裴阿歷，這是伊多克。這位姑娘是瑪麗．亞克維娜……。」

阿納屋卡年過五十，仍然獨身，額頭已經禿了，剩下的一點點頭髮留得很長，盡量裝扮得年輕些。看到聚集而來的村人中有年輕姑娘時，就說「偶馬特、偶馬特」，摸人家的屁股。他的心境還很年輕。這裡的人好像也聽說了我的事情。捕鯨魚、獵海豹、野餐摘苔桃、成為伊努特索的養子……。他們一見面就像老朋友般親切待我，或許是這個緣故。

和村人閒聊時，我突然起了便意。如果是在西奧拉帕魯克，我還可以大剌剌地在人前蹲在馬桶上，可是面對這些頭一次見面的村人，心裡還是有些排斥。我趁大家不注意時偷偷溜出來，蹲在避人耳目的屋子後面，脫下褲子。零下三十度的寒冷中，我當然沒有露出屁股、望著星空拉野屎的悠哉心情。偏偏一群狗覷準我的大便，蜂擁而來，嚇我一跳。

卡納克很多野狗，也有阿納屋卡這種不綁狗的人。阿納屋卡還是獨身，這是因為他不去打獵，是村裡最懶的人。他靠海象牙和下顎骨的雕刻勉強維生，即使結婚也養不活老婆。他有十五隻大狗和五、六隻小狗，狗必須自力更生，整天在村中遊蕩。此刻，這些狗想吃我的大便。

狗在一公尺外圍著我，亢奮得打起架來。拉過雪橇的大狗非常怕人，因為被人鞭打捶揍過，即使最喜歡的人糞當前，也不敢靠近人。小狗就沒這層顧忌，一隻小狗瞅到空檔叼到大便就一溜煙竄逃，大狗一起追過去。

我敢在卡納克人面前大便是在半個月以後。那時，我也敢一邊和卡納克的姑娘說話一邊摸她們屁股或小便了，彼此之間毫無隔閡。卡納克的姑娘也有人穿短褲和牛仔褲，但是都留著長髮。長相和日本人完全無異。她們當著我的面露出屁股發出聲音小便，實在是奇妙的光景。

我走過四十多個國家，從沒如此深切感受到風俗習慣的不同。雖然腦子裡知道要「入境隨俗」，但付諸實行時真的很難。我一開始也很排斥他們的排泄習慣，現在已經完全接受。因此，我說的「和愛斯基摩人一起生活」，不只是飲食生活一樣，還要加上同樣的排泄習慣。

卡納克附近的愛斯基摩部落

圖勒地區最大的村鎮是卡納克，周圍散落著六個小部落。幅寬超過四十公里的英格雷峽灣後面的是克魁塔（Qeqertat）部落，我來時途中看到的哈佛島上的是克魁塔斯瓦克（Qeqertarsuaq）部落（愛斯基摩語中前者是小島，後者是大島的意思）。

從卡納克越過峽灣和冰雪覆蓋的一千公尺高山，是規模和西奧拉帕魯克相當的莫利沙克（Moriusaq）部落。卡納克東南方一四〇公里處是美軍的圖勒基地。此外，坐落在圖勒地區最南端、梅爾維爾灣（Melville Bugt）邊的是沙維希威克（Savissivik）部落。從這裡駕駛狗拉雪橇到卡納克需要近一個禮拜，孤獨地住著約一百個愛斯基摩人。沙維希威克更往南走，最近的部落也距離約四五〇公里，雖然都是愛斯基摩人，但彼此幾乎沒有交流。

我駕著狗拉雪橇前往沙維希威克，叨擾他們幾天，感覺他們保存著比卡納克和西奧拉帕魯克更純粹的愛斯基摩文化。我將在後面詳細敘述沙維希威克，它和其他部落最大的不同，是男女一比二、三的人口比例。有位老人自豪地說他的老婆是第五位。西奧拉帕魯克的女人少，打獵技術差勁的卡庫拚命想娶老婆，仍難償大願。西奧拉帕魯克和沙維希威克的生活環境或許有某種差異。

美軍的圖勒空軍基地是北格陵蘭唯一的文明地帶。基地裡有三個全球最大的微波接收器，一個向著蘇聯，一個向著阿拉斯加，另一個向著美國本土。圖勒基地建於一九五四年，當時住在附近三角洲上的愛斯基摩人在美軍協助下，整個部落遷往現在的卡納克。因此卡納克以前的名字是圖勒。

這個基地在古巴危機時急速膨脹，顛峰時期一萬二千多名部隊在此待命。現在除了荒涼冰原上孤立的電波塔和鋁製建築物，只剩兩、三百個美國人和五、六百個丹麥人在此工作。

官方禁止愛斯基摩人和基地工作人員接觸。但是愛斯基摩人好酒，很清楚基地裡面有很多他們最喜歡的威士忌。美國人也對原始的愛斯基摩文化有興趣，喜歡海象牙雕刻品，常常和偷偷跑來的愛斯基摩人以物易物。

我在哥本哈根拿到通過圖勒基地的簽證，可以進入基地裡面。美國人以為北極熊、海豹、馴鹿等毛皮裹身的我是愛斯基摩人，用英語告訴他的同伴：

「喂，愛斯基摩人來了。快去拿一瓶威士忌來。這傢伙穿的外套還不錯。愛斯基摩人喜歡喝酒，只要是酒，甚麼都肯交換，快去拿來。」

他們以為我不懂英語，我全都聽在耳裡，暗自偷笑。

莫利沙克部落距這基地僅三、四十公里。部落裡的愛斯基摩人會到基地的垃圾場撿壞椅子、桌子、卡其色軍服回去用，他們身穿美軍軍服配北極熊皮褲、嘴上叼著美國香菸，自己感覺很帥，可是在我眼中，卻是毫無風格、難以形容的淒慘乞丐印象。

讓狗吃鞭子

去程耗費十四個小時的卡納克初旅，回程只花了十一個小時。這對地形、冰況和雪橇知識幾乎等於零的我來說，這趟初旅算是成功的。

但當我平安回到西奧拉帕魯克，告訴他們我丟了一隻手套、一根皮鞭和一根繩子時，他們笑翻了天。

我回到西奧拉帕魯克後又少了一根皮鞭，在我把雪橇上的行李搬進屋裡時，柯提陽加的狗居然把我掛在橇上的皮鞭叼走。在阿納屋卡家後面，我的大便就引來一大群狗。把海豹皮做的鞭子隨意放置，好像在說隨你吃吧，被狗咬走也不無道理。我雖然氣那些捧腹大笑的愛斯基摩人，但也暗忖必須再多知道一些極地的事情。

第十三章 雪橇訓練第一期計畫結束

我根據卡納克初旅，擬訂了今後的訓練計畫如下：

十一月至一月：每月平均做一千公里的雪橇旅行。但是十一月只剩下一半，因此改為五百公里。從西奧拉帕魯克往返卡納克是一五〇至一六〇公里，來回三趟半就行。十二月時跑一千公里。也是靠往返西奧拉帕魯克和卡納克間來消化。一月以後改變路線，以打獵為主，消化一千公里到一千二百公里，並以西奧拉帕魯克往北的路線為主。十一月到一月間完全沒有太陽，這個訓練應該夠嚴苛。

二月至四月：正式的雪橇訓練期間。先從西奧拉帕魯克到圖勒地區南端的沙維希威克，往返一千二百公里。如果可能，再從沙維希威克南下，把足跡伸展到格陵蘭中部的烏帕那維克。這段期間應可消化三千公里。

四月至六月：從格陵蘭渡過史密斯海峽到加拿大。再北上甘迺迪海峽（Kennedy Chamel），到達格陵蘭最北的摩里斯岬（Cape Morris Jesup），消化近兩千公里的距離。

以上是我在格陵蘭的狗拉雪橇訓練計畫，第一期正逢天候最惡劣嚴酷的時期，就當做訓練時期，第二期是做雪橇旅行的記錄期間，第三期是享受太陽高掛天空的極地雪橇之旅的期間。

為了完成第一期計畫，我有必要讓舒適的居家生活環境變得惡劣一些。因為悠閒地躺在溫暖的家中，總是把出發日期一延再延。十二月的某一天，內陸吹起冰冷的風，村裡颳起大雪。屋子搖晃得很厲害，讓人擔心隨時會被風吹跑，天花板縫隙不斷吹進霧狀的雪。我拚命燒大爐火，但是屋子裡依舊不暖，爐邊的濕氣立刻結成冰晶。我好想到外面駕著雪橇奔馳。那比待在屋裡忍受寒凍來得愉快些。即使覺得冷，只要跨下雪橇和狗並肩奔馳，立刻就渾身暖烘烘。住得舒服好像對我的訓練目標無益。

我想在半年之內就學到愛斯基摩人經歷數世紀才學會的技術。這實在是如意算盤。但也因為如此，我必須利用所有的機會。一九七〇年攀登聖母峰時也一樣。我擔任先發的偵察隊員，在本隊來到前，整個冬天我就住在聖母峰麓的雪巴族村裡。當然，表面上我是在盡確保嚮導、搬夫和籌辦糧食的任務，其實我有個人的目的，想儲備攀登聖母峰頂的體力。我真的想攀登聖母峰。但是三十九名隊員都以登頂為目標，不可能全部都上，我能否雀屏中選仍未可知。但是，萬一……萬一這個機會降臨到我身上，不論付出甚麼代價我也要掌握這個機會。我在雪巴村勤於鍛鍊體力，為的就是這個。我的機會未必是零。

我穿著登山靴，每天跑六公里高度四千公尺的山路，到峰頂瞻仰白雪皚皚的聖母峰頂，我告訴自己，即使只是一天，我若以艱苦的理由怠惰練習，就可能失去登上聖母峰頂的機會。我繼續練跑，雖然不練習也或許有機會登頂，但是我不想沒有訓練就去登頂。

西奧拉帕魯克—卡納克之間的新紀錄

十二月以後，我往返西奧拉帕魯克和卡納克之間的次數漸漸增加。氣溫已超過零下三十度。愛斯基摩人專心獵殺海豹，我在途中數度和他們的油燈擦肩而過，他們在冰山下呼著雪白的氣息、專心架設獵網。

他們怎麼看匆忙來去的我呢？對他們來說，駕駛雪橇出門就是去獵海豹，想不通為甚麼我總是駕著雪橇來來去去卻一隻海豹也不抓。他們無法了解我往返奔波只為了練習。每次回到村裡，伊米那總是對我說：

「Naomi，卡納克的女人那麼好的話，就帶回這裡一起住，不是很好嗎？幫你弄淡水、洗衣服，就不需要娜托克照顧了嘛！」

我最難過的是讓娜托克媽媽擔心。她也認真地勸我：「Naomi，即使是愛斯基摩人，晚上駕雪橇也很危險，你這樣子總有一天會死掉，卡納克那邊有事的時候，最好找人和你一塊兒去。」

但是無論我怎麼說明，他們就是不懂，我也沒辦法。倒是小孩子的善意讓我感到安慰。我從卡納克回來時，麗琪娜和妮希娜遠遠聽到我的狗叫聲，就會幫我弄好淡水、在我屋中燒起爐子等我。

來去多趟後，我的狗群數目增加，用鞭技術也長進不少，不到十個小時就跑完剛開始時要十四個小時的路程。狗群也不敢打架爭咬，分辨得出主人的叫聲。我不知不覺間也有了在外洋大冰原上失卻方向時還能坐下來喝杯熱茶的餘裕。每練習一趟，就更加感覺到雪橇是自己的。我也曾在大冰原上度過狂風暴雪的一夜。但我都把這當作是極地的尋常事情，當作新的體驗而歡喜接受。

十二月十九日，我家的最後一位客人離去時，我突然起意想去卡納克。這天是滿月，冰原光燦耀眼、冷冽清澈。這麼好的月夜為甚麼要窩在家裡呢？我立刻把帳棚和睡袋裝上雪橇，午夜兩點，向卡納克出發。

月光明亮，完全不見星星，十隻狗全力奔馳在能一眼看到一、二十公里外的冰原上。來到伊茲達索峽灣的海岬尖端時，我停下雪橇，泡茶休息。放著這樣美好的夜色一口氣衝到卡納克，有點浪費。讓狗休息的時候，我沒帶鎬杖也沒帶冰爪，就去爬旁邊標高三十公尺左右的冰山。狗群半躺著仰望我的行動。我坐在山頂，俯視荒涼的大冰原，從前的記憶一一浮現腦中。攀登世界五大陸的最高峰、單獨泛舟亞馬遜河、徒步縱走日本列島，還有橫越南極的夢想、鄉下的父母……。我這樣一路冒險、放浪的人生，究竟有甚麼意義？我的生活方式是否有錯？我莫名地感傷起來。

抵達卡納克是上午九點，這趟單程走了八小時，又大幅刷新過去的紀錄。我在貿易商會買完東西，讓狗休息兩小時後，又折返西奧拉帕魯克。因為昨晚幾乎沒睡，不知不覺在雪橇上睡著了。猛然驚醒時已來到靠近西奧拉帕魯克的峽灣前。我在雪橇上足足睡了五個小時。幸好是狗群每天往返的冰原，沒有迷路，想到可能凍死的危險性，我嚇出一身冷汗。

第一期計畫結束

來格陵蘭以前，我先去南極的貝爾格拉諾二世（General Belgrano II）觀測站（屬於阿根廷，我橫越南極計畫的目的地）偵察狀況。位在南極點的美國史考特—阿蒙森（Scott-Amundsen）觀測站①，夏天的紀錄也是零下三十度左右。我想，只要能夠熬過零下四十度的格陵蘭冬天，橫越南極的可能性即大幅升高。我嘗到嚴冬雪橇訓練的充實感。

十二月三十日，我總共往返西奧拉帕魯克和卡納克八次，完成一千公里的訓練目標。回顧過去，這一年來一切都繞著南極計畫打轉。一月到二月間是一趟南極偵察行，確認橫越南極的可能性。然後為適應極地氣候和雪橇訓練來到西奧拉帕魯克。目前為止，這兩個計畫都進行順利。氣候最嚴酷的一、二月讓我有些擔心，但十二月的目標順利達成後，我也有了能順利熬過嚴酷氣候的自信。二月還有更長的訓練等著。為了防備可能出現的糧食不足狀況，我在一月的計畫中加入獵海豹、釣鮃魚的訓練。

【注釋】

① 史考特，指 Robert Falcom Scott（1868-1912），英國海軍軍官探險家，兩次指揮南極探險隊，比挪威極地探險家阿蒙森（Roald Amundsen, 1872-1928）晚一個月抵達南極點，死於歸途暴風雨中。

第十四章 嚴冬釣鮮魚

愛斯基摩人為迎接新年，專心一意鑿開堅厚的海冰獵捕海豹，沒想到聖誕節前夕，突然有筆意外的紅利，他們興奮地邊喊著：「錢來嘍！錢來嘍！」邊向貿易商會蜂擁而去。

貿易商會搜購愛斯基摩人的海豹皮、狐狸皮和兔子皮，也買海象牙和海豹皮編的繩子。但還是以海豹皮為主。分大中小三級，各以約四五〇〇日圓、三二〇〇日圓、二〇〇〇日圓的價格搜購。政府以適合的價格販售出去，所得差價再還給愛斯基摩人。像卡利、柯提陽加那樣能幹的獵人就有十五萬日圓左右的臨時收入。他們每天擁進貿易商會買東西。柯提陽加幫孫子塔貝買混紡毛衣，幫小女兒妮希娜買彩色襯衫、丹麥拖鞋等。他太太蕾琵卡拿到尼龍絲襪時高興極了。包裝袋封面是金髮美女在男人面前伸出穿上絲襪的修長的腿。在西奧拉帕魯克，根本沒有穿絲襪的機會，或許蕾琵卡只是特別喜歡這張照片。

但是最讓我訝異的是卡利。他得意洋洋地向村人展示一台日本製的大型收錄音機。村裡沒有電，因此買了整盒電池，他把法國歌手阿達莫（Salvatore Adamo, 1943-）的歌聲音量扭到最大。卡利對擁有那一按鍵就突然蹦出聲音的奇妙玩意的優越滿足感遠勝於歌聲本身。愛斯基摩人也是基督徒，他們為迎接聖誕節，也買了裝飾屋裡的各種色紙。亂七八糟貼掛在天花板和牆上，狹窄的屋子裡簡直像幼稚園的遊藝會場。他們就這樣，不到一個星期就完全花光所有的紅利。

一月以後，海冰厚達一公尺以上，獵海豹必須到冰層較薄的外洋不可。為了買一月份的酒，他們必須耗費精神做海象牙雕刻，既知如此，當初為甚麼不省下紅利呢？但是「存錢備用」是我們的想法，愛斯基摩人使用金錢還不到半世紀，沒這個概念。

愛斯基摩人只以駕駛雪橇追捕海豹的生活為傲。怕冷、不會用鞭的外國人是他們輕蔑的對象。當整個家族駕著狗拉雪橇出門尋找獵物、小孩子哭著說好冷時，父親就會叱斥他：「你是外國人嗎？」鞭子甩不好，父親也會怒斥：「你是外國人嗎？」在他們眼中，外國人是有錢但孱弱、甚麼都不會做的無用之人。他們不把金錢當作財產，只是滿足一時欲望的大人玩具。卡利花大把鈔票買來的收錄音機讓孩子們七弄八搞地一下就壞了，可是卡利毫不在意。

有時就盡情花用，沒時就回復本來的生活，對他們來說，錢就只是這樣。

釣餌是鱈魚片

一九七三年元旦，西奧拉帕魯克的愛斯基摩人拿著槍聚集在部落後面的山丘前。開年同時鳴槍慶祝。午夜零時，槍聲響徹全村，對岸的群山傳來陣陣回聲。女人和小孩燃放煙火，互說「新年快樂」，然後大開新年宴會。雖是宴會，但也沒有甚麼特別的東西。只有茶和凍肉，但是到彼此家裡拜年仍然很快樂。我也到伊努特索爸爸家拜年，娜托克媽媽送我她親手縫製的棉夾克，卡溫那送我海象牙做的狗環。我也送爸爸媽媽他們喜歡的香菸和摺疊傘，送卡溫那一個吉祥護身符。

一月三日，我不能一直沉浸在過年的氣氛裡。我進行早就擬訂的釣魚計畫。本來第二期計畫中並沒有釣魚訓練，但是第一期計畫意外的順利，於是在二月的三千公里旅行中增加覓食訓練。

目的地是距離西奧拉帕魯克一一〇公里的卡格塔索峽灣。我把釣具、石油爐、帳棚、睡袋等塞進雪橇，奔馳在聖誕節以來還無人行走的往卡納克之路上。目標距離卡納克四十公里。我在阿納屋卡家借住一宿後，準備和卡辛加、大島育雄會合前往目的地。大島育雄是我從日大登山社時代以來一直密切聯繫的二十五歲冒險青年，我到西奧拉帕魯克三個月後，他也趕來與我同住。

出發那天，我和大島準備妥當，等候卡辛加，約定的時間過去，還不見卡辛加人影。我等得不耐煩，跑到他家找人，一看情況便決定放棄。他又喝得醉醺醺的。

卡辛加和他太太巴麗卡披頭散髮地坐在床上，紅濁的眼睛瞪著探頭進來的我。床前的箱子上滾著幾個空啤酒瓶，他們手上則抱著威士忌的瓶子。卡納克的貿易商會今天開張，他們立刻買酒過節。「日本人、威士忌、傌馬特一」，說著，揮揮手上的杯子，杯裡的酒一半都灑出來，他也不在乎。他根本忘記了昨天的約定。就算他要去，我還得拒絕他。因為教他釣魚的要領很難，我原來打算實際示範就好，現在他醉成這副德行，要等他酒醒，不知道要幾天。於是我決定只和大島兩人出發。

這條路線我是第一次走。我靠著阿納屋卡畫的地圖和羅盤前進，因為漲潮的緣故，冰層到處都有裂縫，我們不易前進。雪橇數度衝入亂冰群裡而打轉，四、五公里的路花了兩個小時以上。繞過最後的大岩壁、到達目的地時，滿身的汗都凍結得行動不便。我們立刻準備下網。因為離開西奧拉帕魯克前夜餵狗吃了海象肉後，到今天為止整整三天沒再餵牠們東西。這一趟路是假設三千公里行程中食物告罄時如何覓食而做的計畫旅行，因此沒有攜帶海象肉。不只狗沒食物，我們也一樣。有的只是餅乾、砂糖、咖啡而已。我們立刻準備釣魚。

大島用鐵棒在冰上鑿洞，我把狗綁在離雪橇較遠的地方，讓牠們咬不到釣上來的魚。然後搭起帳棚，點燃石油爐燒開水。大島在一公尺厚的冰上奮力揮棒，額頭凍結的汗水像冰柱般垂下來，黏在馴鹿皮裘的帽子上，三十分鐘後終於鑿開一個洞。

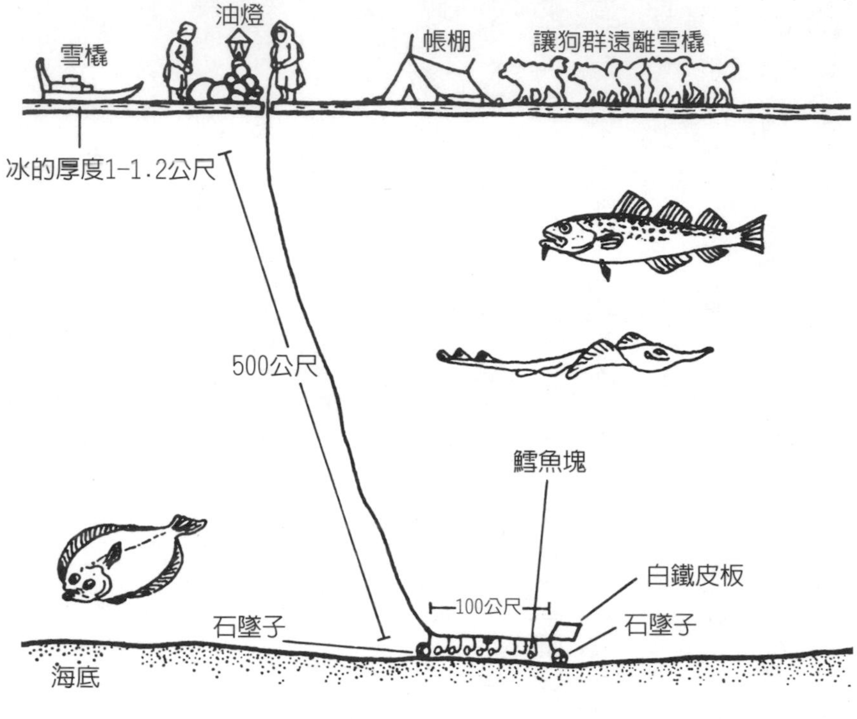

我們先在釣繩的前端綁上拳頭大的石墜子和縱橫四十公分、五十公分的白鐵皮板。然後每隔兩公尺繫上五十根釣鉤，最後再掛上一個石墜子。接著將這長一百公尺的釣繩接上五百公尺長的纜繩垂到海底。

釣餌是我燒熱水解凍的鱈魚片。這個釣繩放進洞裡需要一點技巧。最前端的鐵皮板不能垂直放下，要讓板子在海中漂游拖著繩子。當鐵皮板落到海底後還要繼續放繩，等到第二個石墜子也到達海底時，也就是一百公尺長的釣繩都躺在海底時才把纜繩綁在冰岩上。

接下來只有等待。第一次起繩是在三小時後。大島扛著纜繩慢慢拖離洞口。纜繩加上釣繩總計六百公尺的繩子又沉又重。大島拖了七、八十公尺後，輪到我撈起繩子向反方向拖。兩人這樣輪流幾次。沾到海豹手套的海水立刻結冰，如果不隨時擺動雙手，立刻形成抓著纜繩形狀的冰手套。可能釣到魚的期待讓我們奮力不懈。

「植村兄，纜繩都拉起來了。」

聽到大島的聲音，我奔到洞旁。真的會捕到？魚嗎？我們慢慢起繩。尼龍釣繩慢慢出現在油燈的光線下。第一根釣鉤、第二根……第十根、第十一根……。「都沒釣到，這底下真的有鮃魚吧！」大島失望地說。第十八根、第十九根……。釣鉤就和放餌時完全一樣的狀態陸續被拉上來。釣餌沾著泥沙，應該有落到海底，但是毫無魚咬過的痕跡。我有點不安，這冰凍的三、四百公尺深的海底真的有魚嗎？

就在大島嘀咕「一條也沒釣到，愛斯基摩人是不是騙我們的？」時，洞裡突然浮起一個黑塊。大島大喊「釣到啦、釣到啦」，是條全長五十公分的灰黑色鮃魚。趕緊把牠丟在冰上，牠的腮立刻結凍，口張開兩三下就僵硬不動了。第一次下繩，花了三個小時，總共只釣到兩條，我們不太滿意，不過可以確定這冰下是有鮃魚。我們數度把手塞進胯間握住罣丸暖手，準備第二次下繩。

狗群一看到鮮魚，立刻殺氣騰騰。可是兩條鮮魚對十隻狗來說實在太少，更糟的是，牠們得等下一次釣到的魚吃，這兩條我們兩人先享用了。鮮魚體型像是大型鰈魚，清燉後魚身支離破碎，但足夠溫暖我們冷透的身體。

看見極光

我獨自乘坐木筏沿亞馬遜河而下時也是每天釣魚。一九六八年四月到六月，我乘著木筏從祕魯安第斯（Andes）山的亞馬遜河源頭獨自划了六千公里到大西洋岸的馬卡帕（Macapá），副食幾乎都是魚。我在長四公尺寬三公尺的木筏上，用椰子葉搭個篷頂，每天釣魚度日。我用香蕉片和魚頭，興致很高地釣鯰魚、兩公尺長的亞馬遜鮮魚和食人魚等。釣時不像這裡那麼大費周章，只要五公尺的釣繩和魚鉤即可。從上游到中游部分，食人魚特別容易上鉤，但是釣上來後拆魚鉤之前必須先把牠砸死，否則相當危險。有一次我拆魚鉤時牠銳利的嘴像刀子咬掉我的食指尖。我以前也看過食人魚噬咬牛隻的紀錄片，沒想到真的是這樣。從那以後，我都先把牠砸死後才料理成餐。

通常我會立刻剖開魚腹取出內臟丟掉，把魚身放到篷頂上，三個小時就曬乾了。然後用河中撿來的浮木生火，把魚煮來吃，食人魚的肉沒有小刺，肉質緊繃有彈性，真的很好吃。那時我總是把全身脫個精光。雖然被蚊虻咬得渾身紅腫，還是捨不得辜負那舒適的陽光，不肯穿上衣服。那段時間我的飲食就只有粗簡的香蕉和魚乾，但感覺相當豪快。

在大冰原上釣鮃魚，雖然沒有蚊子攻擊，但有凍傷的危險。我們不能像在亞馬遜河那樣悠閒。在燃料用盡的第三天，我們也結束釣魚。總共鑿了兩個冰洞，大大小小共抓到二十三條鮃魚。對這技術完全外行的我們來說，這個成績不錯啦！狗不算吃得很飽，每三隻分享一條魚。

最後那夜，從南方到東方的星空上出現帶狀的極光。是因為接近極點的關係嗎？極光沒有顏色，像白雲流過天際。像探照燈般搖動流轉。我和大島一直凝望天空不動。

第十五章 加拿大國境的狩獵生活

在冬天的西奧拉帕魯克，聽到狗的遠吠，感覺無限悲悽。尤其是颳大風的日子，峽灣深處傳來像是小貓的淒切叫聲，那是冰下的海水生波、裂開的冰塊彼此傾軋推擠的聲音。愛斯基摩人稱之為「悽米亞特」。狗一聽到這聲音，立刻隨之呼應，一隻接一隻地開始遠吠，到最後，整村的數百隻狗一起唱和。那聲音乘風迴盪在後山，久久不去。每次聽到那聲音，我總有一種說不出的哀傷感覺。

不論氣溫多低、風雪多大，狗都綁在屋外。那等忍飢耐寒的模樣何其悲哀。有一天，後山的冰帽才剛罩上菇狀的霧氣，隨即颳起猛烈的強風，整個村子陷入暴風雪中。天空雖然星光燦爛，但因為低氣壓的影響，內陸吹來的冷風夾著細雪吹得人睜不開眼睛。那時候，狗都背對風、縮著身體像死一般忍耐風雪。

暴風雪停止後，我開門出去，平常總是仰頭看我的狗都埋在雪裡不動。而且有三隻不見蹤影。我循著狗繩挖開積雪，原來牠們整個身體都躲在雪下禦寒。這情景讓剛剛在屋裡烤火取暖熬過風雪的我有點愧疚。我的狗都平安無事，但是卡庫的狗凍死兩隻。連愛斯基摩犬也會凍死嗎？如果我駕雪橇出門，途中遇到這樣的大風雪怎麼辦？就算我幸運存活下來，但是狗死了，我也不能行動或去獵捕海豹。每次聽到悽米亞特和狗的遠吠時，我總是想起那兩隻凍死的狗，心情為之一黯。

遠征加拿大國境

西奧拉帕魯克的村民一過完年又開始為錢愁煩。聖誕節前領的紅利早就花光，附近的峽灣冰層太厚，也沒辦法下網抓海豹。這時他們就把所有家當裝上雪橇、全家到加拿大邊境去找尋獵物。他們渡過距離西奧拉帕魯克五十公里的海岬尖端，再往西進三、四十公里，到達皮特拉斐，就以該地的共同小屋為根據地，在方圓五、六十公里的範圍內獵殺海豹、兔子、海象和狐狸。獵物累積到一定程度後就派人送回西奧拉帕魯克，換買餅乾、砂糖、紅茶和咖啡。他們持續這樣的生活一個多月。我也跟著他們一起留在皮特拉斐。

隔著史密斯海峽，對岸就是加拿大領土的愛斯米爾島（Ellesmere Island），島上群山在星光下發出微弱的光。距離此處六、七十公里的外洋，冰層極薄，可以看到冰下的海水。雪橇跑過上面，冰層就出現裂縫，在海豹呼吸孔旁架槍等待時，腳下的冰層也在緩緩起伏。為了完成第二期計畫，我精力旺盛地跑在愛斯基摩人前面。又為了學會狩獵技術，多次參加獵殺海豹和兔子。我去哥本哈根拿進入格陵蘭的簽證時，格陵蘭省的官員拉森對我說：

「你要和愛斯基摩人一起生活，最好準備消磨時間的玩意兒。因為冬天長達半年，不會打發時間的話，人會瘋掉。」

我於是買了格陵蘭的參考書籍和不曾用過的刺繡工具。拉森不是為恐嚇我而故意誇張。卡納克的行政官和貿易商會的職員都是丹麥本國派來的公務員。行政官布洛切細心照護不能工作的貧困愛斯基摩老人，但還是堅守扭開水龍頭熱水就來的本國生活，上班以外的時間都留在家裡，幾乎不和愛斯基摩人交流。據說在格陵蘭南部，每年冬天都有數十人因精神焦慮而被送回本國。但是拉森的忠告對我完全沒用。我連日連夜應酬訪客、駕著雪橇到處跑，連寫日記的時間都沒有。特地買來消磨時間的書和刺繡工具始終沒有打開包裝紙。

從十一月到一月，我總共完成西奧拉帕魯克—卡納克間一九五〇公里、西奧拉帕魯克—圖勒基地間三五〇公里、西奧拉帕魯克—卡格塔索峽灣（釣鮮魚）間二五〇公里、西奧拉帕魯克—皮特拉斐間（三趟）二五〇公里，以及皮特拉斐方圓三百公里等訓練旅程，總公里數達三一五〇公里。這還只是主要旅途的部分，實際上我跑的路途更長。

第五部
雪橇獨行三千公里

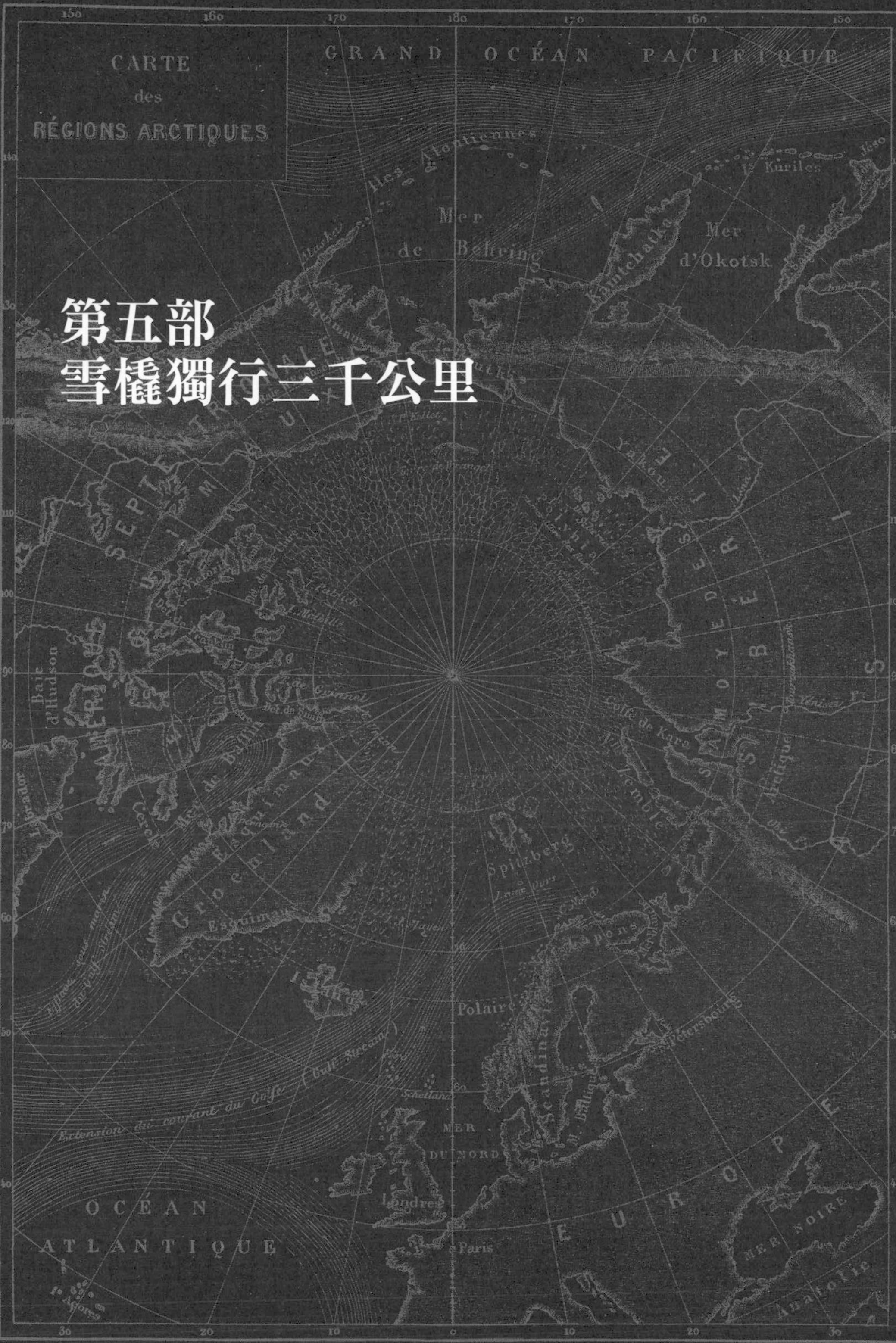

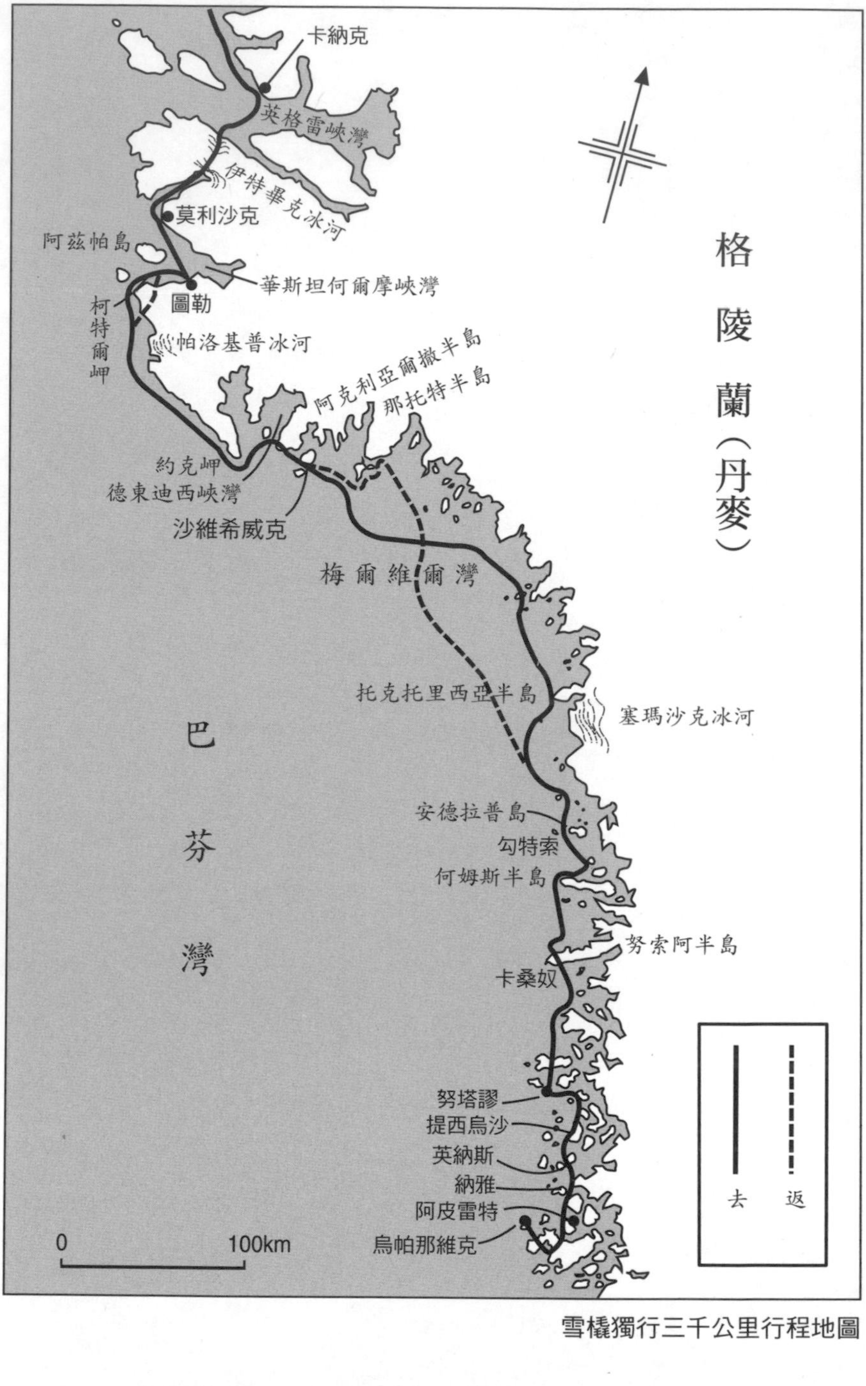
卡納克
英格雷峽灣
伊特畢克冰河
莫利沙克
阿茲帕島
華斯坦何爾摩峽灣
圖勒
柯特爾岬
帕洛基普冰河
阿克利亞爾撒半島
那托特半島
約克岬
德東迪西峽灣
沙維希威克
梅爾維爾灣
格陵蘭（丹麥）
托克托里西亞半島
塞瑪沙克冰河
巴芬灣
安德拉普島
勾特索
何姆斯半島
努索阿半島
卡桑奴
努塔謬
提西烏沙
英納斯
納雅
阿皮雷特
烏帕那維克
0
100km
去
返

雪橇獨行三千公里行程地圖

第十六章

從西奧拉帕魯克到圖勒

二月四日

往返西奧拉帕魯克—烏帕那維克間三千公里的日子終於來臨。我改用愛斯基摩人的雪橇。我原來的雪橇滑板塑膠剝落，滑行不順，不適合長旅，於是和柯提陽加的交換。愛斯基摩人的雪橇重量達八十公斤，是我的雪橇四倍重，滑板釘上厚兩、三公厘的鐵板，非常結實。長三．五公尺，寬一．二公尺，即使滑上冰和岩石群、爬越無冰的煤炭山時也十分耐磨。雪橇上裝載的東西如下：

五塊海象肉共一五〇公斤。十天份的乾麵包、砂糖、茶葉和人造奶油等。兩個石油爐、鐵棒、木棒、鍋子、柴刀、菜刀、鋸子、馴鹿皮墊、狗身套帶、繩子、銼刀、砂紙、箱子、十六釐米照相機、卅五釐米照相機、底片、睡袋、帳棚、馴鹿皮裘、北極熊皮褲、三副手套（海豹皮、馴鹿皮）、海豹皮靴、襪子，以及來福槍。

總計三百公斤的行李要讓十隻狗拉著奔馳十到十五天。糧食看起來少了點，我打算途中再做補給。之前的狩獵訓練應該可以派上用場。我沒有告訴任何人這個計畫，因為可以想見會遭到勸阻。我只是不經意地問伊米那有關南方的情況。那裡是古老的獵場，他曾到過梅爾維爾灣，他告訴我南方的深雪和軟冰的危險，哀悼一個同伴落海死了。他作夢也沒想到我有這個計畫。

十一點，在偶爾來村裡看我的大島君目送下，我朝卡納克出發。在伊茲達索峽灣突然遇到伊米那和他兒子卡辛加，告訴我一個不太好的消息。

「Naomi，你帶這麼多行李要去哪裡？」

既然已經離開西奧拉帕魯克，告訴他們也無妨。可是我還是不敢說要去烏帕那維克，只說要去比烏帕那維克近多了的沙維希威克。

「我想花兩、三個禮拜的時間去沙維希威克。」

「你一個人嗎？我看還是算了吧！昨天在卡納克聽說，三台往沙維希威克的雪橇在圖勒基地前就不能動了。」

卡辛加也接著說：「沒錯，而且約克岬（Cape York）的冰全被昨天的暴風雪吹走，雪橇過去很危險哩！」

我好失望。

烏帕那維克比沙維希威克還要遠一千公里，必須穿過梅爾維爾灣沿岸的無人地帶。現在約克岬和圖勒基地附近就已經是這種狀態，該怎麼辦？在二月做加拿大和北極海之旅，對我來說還很勉強。我能夠駕駛狗拉雪橇走完三千公里的，就只有這條往烏帕那維克的路線。再說，我都已經出發了。

「伊米那，謝謝，我還沒決定要不要去沙維希威克，如果不行，我就在卡納克附近釣些鮮魚回去。」

「是嗎？早點回來啊！」

兩台雪橇在我眼前消失。到達阿納屋卡家時已晚上九點。不知是因為雪橇太重，還是我的低落心緒感染了狗群，比平常多花了兩個小時。

二月五日

去見上個月底就來到阿馬烏納力家的伊努特索爸媽，想拿拜託娜托克媽媽幫我縫製的狐狸皮裘。可是他們兩人都罹患流行感冒，狐狸皮還沒動刀剪。阿納屋卡和來時途中碰到的卡辛加都咳得很厲害，吐出黑色的痰。卡納克可能正爆發流行性感冒。我這趟路一定要帶上狐狸皮的連帽外套，雖然有點擔心，還是留在卡納克幾天等外套完成。也順便趁這機會了解一下圖勒周邊的狀況。

二月六日

外套還沒做好。伊努特索爸媽感覺好像舒服了些，抱著一大瓶葡萄酒猛喝。伊努特索爸爸興致很高，不停地說：「這是我兒子，來！你也喝！」愛斯基摩人幾乎不給別人喝自己的酒，連夫妻間也一樣。那麼珍貴的酒不停地給我喝，可見伊努特索爸爸多麼喜歡我。

晚上，我估計他們酒醒時，趕去阿馬烏納力的家，只見他們憔悴地躺在床上。我讓娜托克媽媽坐在床上，幫她按摩肩膀三十分鐘。

「舒服一點嗎？」我問。

娜托克媽媽眼中含淚：「阿彥基拉、阿彥基拉（非常舒服）。伊努特索，你也讓Naomi揉揉看，感冒的難過全都消失了。」

伊努特索爸爸的背部結實得不像六十七歲的人。

「Naomi，很舒服哩！卡納克的那柯呼薩（醫生）只會開藥丸給我們，才不這樣摸我們，Naomi是比那柯呼薩還好的那柯呼薩。」

這天晚上伊努特索爸爸非常高興，送我一隻狗。這下我有十一隻狗了。

二月八日

我想了解一下圖勒基地和沙維希威克周圍的狀況，向村人打聽，每個人都說危險，勸我打消念頭。但是我心已定，曾經越過沙維希威克追捕北極熊到梅爾維爾灣附近的卡辛加，暗示如果我肯雇用他就跟我同行，可是我不改獨行的初衷。我當然十分清楚此行的危險，但我如果不能直接面對、突破這前所未有的經歷和嚴酷考驗，我如何去橫越南極呢？海冰的裂縫、大風雪、暴風雨、零下四十度、北極熊——這些個生死一線間的經驗，不正是我深入極地的目的嗎？

但是再怎麼小心，要是一去不還，造成許多人的困擾，也是毫無意義。本來，「冒險就是生還」。於是我向阿納屋卡買了兩隻狗，添加備用皮鞭，以期準備萬全。娜托克媽媽幫我做的狐狸皮裘已經完成，剩下就只等出發了。但是天候不如預期，我焦灼地等待天氣轉好。

二月十二日

天氣還沒有恢復。今天是我三十二歲的生日。愛斯基摩人生日時都會準備瑪塔（結凍的生鯨魚皮）、奇維亞（塞在海豹肚子裡的小鳥）和茶水請客，但是我無能為力。因為沒錢，所以沒告訴任何人。

流行感冒在卡納克村肆虐，全村的人幾乎都躺在床上。病源好像來自一百公里外的美軍圖勒基地。先是去以物易物的莫利沙克人在基地感染病菌，帶回村裡，全村六十多個人通通感染。幾天後，莫利沙克的人到卡納克，卡納克人全遭感染，我來途中遇到的伊米那父子又把病菌帶回西奧拉帕魯克。美國空軍帶來的流行感冒，只要一個星期，就像推骨牌似席捲北格陵蘭一帶。不只是感冒，性病的流行速度也快。住在病菌極少的極北地區的愛斯基摩人對流行病的抵抗力或許特別弱。

二月十四日

上午十點半，被綁在卡納克十天後，總算可以出發了。雪停的天空就像吹過聖母峰頂的噴射氣流般冷冽清澈。昨晚用砂紙磨過的雪橇在藍色的海冰上呼嘯奔馳。我終於踏上前往烏帕那維克的漫漫旅途。這趟旅途我只告訴大島一個人，因為我不希望讓人擔心，另一個原因是我也沒有能到達烏帕那維克的自信。我暗自決定，此行不必勉強，隨時可以回頭。

我雖然有壯烈的南極計畫，但這也只是對「想做」的可能性的挑戰。「做」和「想做」是兩回事。目前為止，我還沒「做」到橫越南極大陸的計畫，縱使這個計畫可能，只要還沒出發，就不能用「做」這個字眼。

氣溫比我出發時更低，零下四十四度。我把雪橇停在英格雷峽灣正中央，準備射擊要攫食狗糞的烏鴉，但只聽到「咔嚓、咔嚓」的聲音。因為扳機的油凍結了。如果這時候竄出一隻北極熊，那該怎麼辦？

離開卡納克四個小時，來到注入英格雷峽灣的伊特畢克冰河的末端。越過這條冰河是第一道難關。

我先點燃石油爐，喝杯熱茶。石油凍成黏稠的沙拉油狀。相當冷。我再用砂紙摩擦雪橇的滑板。

要越過這條冰河，必須攀越約十公里的上坡和滑下約十五公里的下坡。河床上冰河攜帶而下的堆石磊磊。經過這寬約兩公里的堆石地帶，就是藍冰的裂隙地帶。坡度陡的地方有三十五度，攀越非常艱難。但是我曾經單獨攀越過一次，路線大抵記在腦子裡。還不成問題。

雖然如此，通過堆石地帶並不輕鬆。我穩住不時打滑的雪橇、喝斥狗群，來到陡坡下時已滿身是汗。狗喘著大氣，躺在冰上。牠們呼出的氣息立刻凍成霜柱圍在臉的周圍。狗老大康諾特是隻黑狗，此刻一身雪白。我讓狗暫時休息後，立刻攀登最陡的坡面。如果途中有幾隻狗腳底打滑，雪橇就可能滑落一千公尺下的河床中。我拿出止滑鍊代替皮鞭激勵狗群。狗拉著三百公斤重的雪橇爬上滑溜溜的陡坡。腳底打滑的狗好幾次滾到我的腳邊，我立刻揮鍊驅趕牠們。如果是兩、三人同行，一人控制雪橇，一人驅策狗群，還能輕鬆些，現在全靠我一個人來，就相當辛苦。結果花了三十分鐘才越過這個難關，我卻感覺像花了好幾個小時。

愛斯基摩犬的確耐操。當然在這種地方稍為鬆懈，瞬間就會滑落冰河一命嗚呼，牠們不堅持不行……。但是狗這麼拚命堅持，並不是怕滑落，而是怕後面拿鞭子驅趕牠們的人。狗似乎都知道自己如果沒用，立刻會被宰殺。對狗來說，沒有甚麼東西比人更可怕了。愛斯基摩犬像日本狗，絕對不會對著人吼叫、呻吟或撒嬌。我記得在卡納克時，小孩去逗被綁的狗，結果腳被咬了，那隻狗立刻被主人吊在木框架上宰殺吃掉。能否平安無事越過這急陡的冰河斜坡，端繫於平常讓不讓狗看到你的憐恤表情。

冒汗的身體立刻透冷，狐狸皮裘下的汗凍結了，每次晃動身體時冰片就啪啦啪啦掉下來。

二月十五日

今天走平坦的海冰。我看到睽違四個月的太陽。途中數度看到岩山頂的燦爛耀眼陽光，繞過左岸的大岩壁瞬間，又大又紅的太陽正浮在峽灣入口的水平線上。我高興大喊「太陽、太陽」，在雪橇上高舉雙手歡呼。冰冷漆黑的世界裡突然射進一道溫暖的光。冷還是一樣冷，我連按幾次十六釐米照相機的快門，因為凍住了，按不下去。太陽像臉盆似在水平線上從左到右緩緩移動，一個小時後，再度消失在水平線下。狗群同時沒精打采。

深夜時到達莫利沙克部落。

莫利沙克的規模和西奧拉帕魯克差不多。不遠處美國基地的燈光閃爍。我去打擾和我同年的伊透柯。

二月十六日

我駕著伊透柯的雪橇去獵海豹。莫利沙克一帶的海冰多是新冰，冰上有裂縫，裂縫上又覆蓋著一公分厚的雪。

這裡的海冰總是在晃動。到處都有被雪覆蓋的裂縫，表面上完全看不見，雪橇馳過時突然一沉，嚇得我背脊發寒。

今天的獵海豹行動有點失望。以前在西奧拉帕魯克練習多次，但今天怎麼做都不順。

我拿槍守在呼吸孔旁邊，臉和手都凍僵了，對著冒出洞口的海豹要扣扳機時，手卻不聽使喚。子彈掠過洞口，海豹瞬間消失蹤影。十二月和一月時到過加拿大那邊，收穫還不少，沒想到二月是這麼冷。我這趟南行的糧食有部分是寄望於獵到海豹。今天的失利讓我有點不安。

我留在莫利沙克，和伊透柯去打獵，想拉他同往南行。他很老實，濃眉、體格魁梧精悍，看起來很可依賴。

「怎麼樣，伊透柯，和我一起去旅行吧？」

「到梅爾維爾灣獵北極熊，是可以去哦。」

「我打算去烏帕那維克，可以陪你到半路。」

伊透柯對我的邀約很感興趣，可是比他年輕十多歲的太太反對。通常，愛斯基摩人很少老婆當家。西奧拉帕魯克的卡利等人，才不受老婆左右，喝醉回家還對老婆拳腳相向，十足地大男人。但伊透柯在老婆面前，連和村裡的年輕姑娘說話都不敢。

我沒說服伊透柯，又遇上倒楣事。綁在門口的十三隻狗中有一隻不見了。繫狗繩還在，可能是咬斷套身皮帶逃走。我在黑暗中一隻隻檢查，知道逃走的是向塔奇陽加買的紅狗。牠老是受同伴欺侮，大概受不了而跑。想到今後的旅途，不但一隻狗也少不得，還要增加幾隻，於是我動員全村的小孩到村中的四、五百隻狗中搜尋，還是沒有找到。

二月十七日

晴朗，氣溫零下三十八度。向圖勒基地出發。走前再次搜尋失狗，結果還是一樣。下午兩點，對失狗已經絕望，十二隻狗拉的雪橇載著三隻海豹和二十五公斤的鯊魚肉，在伊透柯的目送下出發。今早還在說服伊透柯同行，但是他的決心不變。

雪橇完全不滑，時速頂多十公里。我查看雪橇的滑板，今早才磨過，沒有一點傷痕。十二隻狗也拴得好好的，沒有一隻偷懶。就連向來愛偷懶的卡溫那狗兄弟也鼻噴白氣拚命拉著。但雪橇感覺就像走在沙漠上。出發已經一個小時，還看得到莫利沙克村裡的煙囪。

只少了一隻狗，就有這麼大的差異嗎？為了小心起見，我測量一下氣溫，終於了解原因。氣溫更加下降，已到零下四十二度。我已有過多次經驗，溫度一超過零下四十度，雪橇滑板即鈍化。我停下雪橇，喝杯熱茶，數度澆水在滑板上，讓它結上二公厘厚的冰。這樣，雪橇的滑度稍為好些，但還是追不上我跑的速度。我好幾次跨下雪橇跑在狗的前面。鼻頭的凍傷水泡一接觸到冷風，像被火鉗子打到一樣痛，撐不到二十分鐘立刻躲回雪橇上。

出發五個小時後看見前方有燈光，是美國空軍圖勒基地。下午七點，終於抵達基地燈光照射下的愛斯基摩人共用小屋。小屋建在離基地兩公里的海岸邊，比我在西奧拉帕魯克村的房子大一點。這是為愛斯基摩人和基地接觸而建的地方。我把狗綁在海冰邊，拿著睡袋和石油爐去敲門。狹窄的屋子裡擠滿愛斯基摩人。

「古達！」（大家好！）

「哈伊那乎納咿，日本人！」（你好，怎麼樣？）

「伊康那特、伊康那特。」（好冷、好冷）

眾人邀我入內，坐在煤炭爐邊。五坪大的房間裡一半是床、一半是泥土地，爐子就在入口旁。裡面有十四、五個愛斯基摩人，擠得腳都沒處放。

海豹肉和馬桶都擠在這個小小的空間裡，一不小心可能吃到大小便調過味的肉。都是見過的熟面孔。卡納克的一家四口、九月才結婚的莫利沙克的年輕夫妻……。

他們多半是為了和基地軍人交換酒、香菸、巧克力而來。當然是以物易物。從莫利沙克來的阿爾拿著一塊小指尖大的礦石，沉甸甸閃著鮮豔的金光。我聽行政官說過，基地附近有砂金，心想這或許是金塊。

「乎那屋納？」（這是甚麼？）

「烏多嘎呀、烏多嘎呀。」

烏多嘎呀是星星的意思。是隕石嗎？如果是隕石，應該帶有磁力。我把礦石靠近手錶，果然，緊緊黏在手錶上。

「哪尼、烏多嘎呀、陪卡波？」（這石頭哪裡撿的？）

「阿巴尼、阿巴尼。」（很遠很遠的地方。）

我詳細追問，他說是在內陸深深陷入地面的一個大石塊上削下來的。那石頭和周圍泛黑的岩石顏色不同，他覺得奇怪，所以帶回來，並且說那石頭硬得差點砍壞斧頭才削下這麼一小塊，非常辛苦。如果我去不成烏帕那維克，倒想去那裡看看。

「阿爾，你想交換甚麼？」

我心裡盤算，如果他開價不高，我就買下來，假裝漫不經心地問。

阿爾伸出拇指和食指：「威士忌，兩瓶。」

「這麼小的東西換不到吧？」我說。

但是阿爾很有自信。我有點愧疚地拿出電晶體收音機，因為這東西不是這趟旅行的必要物品。

「阿爾，用這個和你交換怎麼樣？」

我以為阿爾會馬上答應，沒想到他斷然拒絕：「威士忌，阿彥基拉。」（威士忌最好）他好像做過這種交易，美國軍人也想要這東西。

愛斯基摩人準備的交換品有麝香牛角、舊箭矢、第一位到達北極的裴利使用的望遠鏡等等。也有很多圖勒基地附近的岩石區採來的肥皂石加工品。以前愛斯基摩人用這種石頭加工成鍋子、燭台使用，現在多半改用丹麥進來的金屬製品。於是現在用這些石頭雕刻海豹、人偶和北極熊，換取菸酒。

愛斯基摩人獵殺鯨魚和海豹的嚴肅姿態，和用銼刀研磨膝上肥皂石的細膩模樣，都充滿朝氣而美麗。但是他們醉醺醺拎著威士忌酒瓶的樣子，活脫是即將毀滅的民族寫真。究竟哪一個才是真正的愛斯基摩人？

午夜三點過後，各自找位子躺下。帶著嬰兒的夫妻一躺下來，旁邊的人只好頭腳交錯地跟著睡下。擠得一塌糊塗。只有我帶睡袋，因為太擠，攤不開來，只好和他們一樣穿著馴鹿皮衣躺在睡袋上。

喝醉的老爺爺鼾聲如雷，讓我輾轉難眠。偏偏睡在最裡面的新婚夫妻又唏唏嗦嗦地做起來。年輕單身的我更是難以忍受。我想偷瞄一眼，但這時翻身好像很奇怪。我輕輕張開眼睛，跟我鼻對鼻而臥的十三歲男孩正張著大眼睛，嚇我一跳。我們視線相對，微微一笑。我以為大家都睡了，其實不然。每個人都豎起耳朵聽著，連老爺爺的鼾聲也戛然而止。愛斯基摩人的房子沒有隱私，要是在意別人的眼光，根本不能做愛。孩子們也都眼睜睜地看著大人的性愛過程，大人則豎起耳朵聽著，臉上假裝不知道。

行為大概十分鐘便結束。完全沒有聲音，只聽到激烈的呼吸聲。結束後不到十分鐘，那丈夫便鼾聲大作，老爺爺也呼應似地打起鼾來。我因為亢奮和噪耳的鼾聲，一直睡不著。

二月十八日

太陽一上升，鋁製營房並列的基地全貌盡收眼底。陰暗的十一月來時，只靠基地的燈光看不清楚，現在則連營房上的號碼牌都看得一清二楚。卡其色的軍用卡車在營房前來來往往，就像漫步在安克拉治街頭。

甘迺迪總統任上古巴危機發生時，圖勒基地的部隊膨脹到一萬二千人，是格陵蘭總人口的三倍，處在隨時待命的非常態勢。

愛斯基摩人就在基地外以異樣眼光守望不斷飛來的巨大飛機。

我拿到朋友寄到基地的信。聖母峰國際登山隊的挪威隊友奧德、在哥本哈根招待我的班德生夫婦，以及從前一起攀登白朗峰的佐藤久一朗。七十多歲的佐藤先生的堅持和認真態度，對差點忘掉初衷的我是無言的忠告。還有日本登山界的前輩、朋友——我總是一讀再讀這睽違數月的來信。關心我的人這麼多。我絕對不會發生意外。我再次這麼告訴自己。寫下這封信：

我接著要展開前往距離圖勒一千多公里的烏帕那維克之旅。這是只有十二隻狗相伴的危險之旅。這一趟要走的格陵蘭西北海岸，除了二五〇公里前的沙維希威克部落和更往前四五〇公里的烏帕那維克地區最北端的小村落外，其他都是無人地帶。如果慎重行動，這趟旅程應該成功。我無法預計甚麼時候到達烏帕那維克，抵達後定當立刻報知。

二月十九日

圖勒基地附近遭逢猛烈的暴風雪侵襲，延遲出發。

二月二十日

暴風雪還是沒停。小屋裡充滿酒臭和菸味，呼吸困難。阿爾如願以償，用隕石換到紅牌的「約翰走路」威士忌。

【注釋】

① 裴利：Robert Edwin Peary，一八五六——一九二〇年，美國北極探險家，三次探險，最後於一九〇九年成功到達北極。

第十七章

從圖勒到沙維希威克

二月二十一日

正午，暴風雪總算停息，從圖勒基地出發。前面是一片完全未知的世界。華斯坦何爾摩峽灣的海冰平坦，也幾乎無雪，雪橇順利行進，但是來到阿特爾岬時遇上亂冰群，速度顯著降低。雪橇前後上下左右晃動，前進困難。花了三個小時才繞過五公里左右的岬角，已是太陽沉入地平線的下午四點半。

板狀隆起的冰塊後面突然有黑影躍入眼簾。是兩台獵捕海豹的雪橇。我鬆一口氣。

「古達。」（大家好）

「你是誰？」

「日本人。」

「帶這些東西去哪裡？」

「沙維希威克。」

「和誰去？」

「我一個人。」

「一個人？你知道沙維希威克在哪裡嗎？」

「不知道，可是我有地圖和羅盤，沒問題。」

「那危險啊！再過去除了我們，沒有別人，這附近只有亂冰很糟糕，但是梅爾維爾灣前面的約克岬更危險，有時候會冒海水，可能死掉啊！」

在莫利沙克見過的中年胖子表情嚴肅地說。

「你去過沙維希威克嗎？」

「沒有，你為甚麼要去？」

「西奧拉帕魯克沒甚麼女人，聽說沙維希威克很多。」

我若說出我的計畫，只會讓他們更混亂，我只好捧出可以簡單說明的女人因素。

「那我也一起去吧！」他笑嘻嘻地說。

不知是真心還是開玩笑，剛才還說得那樣危險，一聽到有女人態度就截然一變。但是那個年輕人反對。

「我不去，這裡到沙維希威克要四天，威士忌比女人好多了。」

結果他們沒去。

「約克岬的冰層很薄，要小心，回來時要帶女人回來哦！」

他們說完，瞬間消失在冰的對面。我突然感到寂寞起來。我叫攏狗群。

「喂，你們給我振作點，我這條命就靠你們了，摳法、摳法（再快一點）。」

海潮流動似乎很快，雪橇奔馳時冰層下面就傳來劈里啪啦冰塊龜裂的聲音，感覺有點恐怖。我好幾次必須和想要打道回府的另一個自己交戰。

下午八點，我把雪橇滑到岸上。在岩石下搭好帳棚，餵狗吃肉。

進入圖勒前餵過狗群鯊魚乾，不知是不是這個緣故，牠們腹瀉不止，沒有精神。摸牠們的背，個個脊骨嶙峋，毫無離開西奧拉帕魯克時的朝氣。

鑽進帳棚，我用鯨魚肉果腹。為了防備隨時來襲的北極熊，我把來福槍放在手邊。

二月二十二日

早上起來一看，四周瀰漫著霧氣，還下著小雪。我不清楚地形，在視界不明的狀態下行動很危險，心想今天暫時不出發吧！但當太陽一上升，四周霎時光亮燦眼，於是急忙出發。

可是海岸邊有預想不到的狀況。昨晚把雪橇停在岸上時，冰層只有三條小裂隙，因為退潮，此刻已變成一條大裂縫，雪橇要渡過很困難。我先把狗一隻隻拋到海冰上，在雪橇後面綁上繩子固定在岩石上，再慢慢滑到海冰上。雪橇像是架在寬兩公尺的冰層裂縫上的橋。這時，雪橇剛好卡在海冰與海岸之間，稍為向前或向後，都會掉進海水裡。我想和狗一口氣把雪橇推到海冰上。

關鍵在於狗群是否乖乖聽我的號令。只要其中四、五隻偷懶，雪橇無疑會掉落裂縫裡。我拿著鐵鍊，握著雪橇後面的把柄調整呼吸。剩下的只有交給老天了。

「呀——、呀——。」

我大聲吆喝同時揮鍊向狗。狗一驚，一起衝向海上。鬆弛的繩索綳緊。就是現在。我用力一推雪橇。但是雪橇沒有穩穩滑上海冰，而是以裂隙邊緣為支點，像蹺蹺板般搖來晃去。我一陣膽寒。只要在雪橇後面放上一根羽毛都可能讓它掉進裂縫裡。「呀——、呀——」，我忘我地大喊，幸好狗群也能撐，雪橇總算順利地滑到海冰上。其實我本來只需要等到漲潮海水上升、凍結塞住裂縫時再走即可，但是我想儘早趕到沙維希威克，寧可冒險。回想起來，為了安全起見，我應該等到漲潮的。

雪橇碰上亂冰群，或在柔軟的新雪中前進，都是一連串的惡戰苦鬥。狗還是嚴重腹瀉，邊跑邊弓著背拉出水糞，沾在繩子上非常臭。每次解開糾結的繩子時凍結的狗糞被我

冰山阻隔我的去路。

手套的溫暖溶解，也沾到我的手套和北極熊皮褲上。

穿過帕洛基普冰河的冰山帶，來到積著軟雪的新冰上，雪橇更難滑了。狗已筋疲力盡，我再怎麼揮鞭，也只是瞄我一眼，不肯前進。像是累垮的登山社新人在山上遲遲抬不起腳。我為了觀察地形，眼睛一離開狗群，牠們就放慢速度偷懶。

距離沙維希威克還有兩百公里。照這情況不知要幾天才到得了？

一隻狗突然癱坐在冰上，讓雪橇拖著走。那是向阿納屋卡買的狗。牠的肛門張開，嚴重下痢，已經不能拉雪橇了。我想乾脆殺了牠當作狗的飼料，但是雪橇上還有一隻海豹和二十五公斤的鯊魚乾，足夠撐一個星期，讓我對這跟隨我幾天的狗下不了手。但是把牠扔在這裡不管又太殘忍，於是讓牠坐上雪橇。愛斯基摩人不會做這種蠢事吧！

下午五點半，今天只跑了六個半小時，但我決定就在康吉利峽灣入口的冰山旁紮營。我的帳棚是登山用帳棚，內貼三層，還有底部，搭蓋只要五分鐘，非常方便。

餵狗食物。今天沒給牠們吃鯊魚乾，把一半的海豹肉餵給牠們。阿納屋卡的狗面對最愛吃的海豹肉也只是嗅嗅沒吃。餵狗吃東西總是一陣忙亂。狗老大總是想獨占食物，弱小的狗一靠近就咬。卡溫那狗兄弟搶不過別的狗，等到肉都沒了，其他狗都睡了以後，才拚命拉著繩子尋找吃食。

我把狗綁在帳棚周圍，把剩下的海豹肉和鯊魚乾放在距離帳棚三十公尺的地方。這當然是為了對付北極熊。如果北極熊現蹤，也會先去吃肉，這時狗已經把我叫醒。

「你們今晚幫我好好監視北極熊吧！」

我鑽進帳棚。把來福槍上了兩發子彈，放在枕邊。我總是這樣，一進帳棚，直到早上都不再出去。小便也是躺著尿在空罐子裡，從帳棚的窗戶扔出去，早上再去撿回來，然後放在石油爐上烤溶後倒掉。這個空罐子同時也用來煮肉裝湯。如果每一樣生活用具都要帶齊，根本無法長途旅行。

我順便提一下駕雪橇時如何大小便。我總是盡量忍到小便要漏出來時才解尿。通常手凍僵了，陰莖也冷得縮起來，總是會尿到褲子上。因為很快就會凍結，用手套一拍，便掉得乾乾淨淨。

大便比較麻煩。零下四十度的氣溫下屁股露在大氣中很痛苦。只要露出超過一分鐘，就痛得像長了痔瘡。在這裡肉食為主，糞便很軟，無法一次排清。不像住在聖母峰下的雪巴人，因為主食是米，容易排清，即使便後不擦屁股也不會髒。可是在這裡，下腹部和肛門不使勁用力根本屙不出來。當然沒有衛生紙。便完後用帶著手套的小指頭輕輕一抹，再把手套擦擦地上的雪就乾淨了。

二月二十三日

天氣陰，氣溫低，今天也逆風。很高興昨晚沒有遭到北極熊攻擊。

早上十點出發，傍晚六點抵達約克岬前的峽灣。八個半小時的行程，狗群以恆常的速度前進。阿納屋卡的狗也復原到可以拉雪橇了。謝天謝地。今晚紮營處在距離沙維希威克七、八十公里的地方。大約等於西奧拉帕魯克到卡納克之間的距離。我在縱走日本列島時一天平均走五十五公里，如果雪橇在這裡壞了，扛著必要裝備前行，也不用三天。我相當輕鬆，甚至有心情去想沙維希威克更前面的烏帕那維克了。

二月二十四日

今天終於要抵達沙維希威克的亢奮心情，讓我七點鐘就醒了。但是前面還有一個最後的難關——約克岬。西奧拉帕魯克、卡納克、莫利沙克等地的愛斯基摩人都眾口同聲說約克岬危險。最近兩、三天都是零下四十度的氣溫。冰已凍結，大概沒問題。但我還是有點不安。

我在帳棚中喝茶，攤開地圖，研究今天要走的路線，九點半出發。

一個半小時左右來到約克岬。之前我是在距離海岸數公里的地方行進，但海岬附近的冰層薄可能冒出海水，於是我貼著岩石壁而行。幸好冰層沒有鬆動。我跨下雪橇，用力踩幾下，冰層雖然有點凹下的感覺，但是比一月間在加拿大國境獵海豹時的冰層厚多了，也較安全。想到先前還那樣擔心，真蠢。

我奔馳了一段路，看到高度四百公尺的岬邊岩山上有座黑塔。那是美國空軍建的裴利銅像。

我去年坐船北上格陵蘭西岸，經過約克岬時船長拿出雙筒望遠鏡，說應該看得到裴利的銅像。不巧那天雲層很厚，視界不佳，看不見銅像，不過我倒是頭一次看到了北格陵蘭的自然景觀。荒涼的黑色群山，微暗的沿岸岩壁，內陸的白色冰巒起伏。這地方真能住人嗎？雖然才九月，氣溫已超過零下十度。我望著望遠鏡，心中隱隱感到不安。

想不到我此刻正獨自走在當時望遠鏡中看到的大自然裡，而且是在最最冰寒的嚴冬時節……。我好感動。

繞過約克岬，穿過亂冰群，原本步履蹣跚的狗群突然加快速度。就連阿納屋卡的狗也跟剛才的病厭厭模樣截然不同，腳勁十足地跑著。狗老大康諾特等一群狗耳朵都朝著同一方向抽動。在海冰湧聚的小山丘前突然停下。

我立刻想到北極熊。脫下右手套，食指扣住來福槍的扳機，緊張得聽到心臟怦怦跳。狗群仰望著我，完全不叫。我跨下雪橇，低著頭，戰戰兢兢地爬上小丘。上面甚麼也沒有，旁邊有一座小冰山，或許在那後面。我又跨上雪橇，繞到冰山後面。

如果北極熊跳出來卻沒打中牠怎麼辦？從我的射擊技術來看，這情形很有可能。我褲袋裡有割肉用的刀子，但面對臂力超強的北極熊，大概沒甚麼作用。槍膛上了三發子彈，如果全都沒打中……要是裝上五發子彈就好了，如今後悔已來不及。

繞過最後的冰塊，可以看到前方的山丘。沒有北極熊。我鬆一口氣。知道虛驚一場後又有點失望。可是，狗一定嗅到甚麼東西。我很快就知道原因。我看到獵海豹的網子，一定是沙維希威克的愛斯基摩人放的網。這裡距沙維希威克六十公里，西奧拉帕魯克的人也常到一百公里外的地方下網，因此沙維希威克的人在約克岬下網並不奇怪。

果然，兩輛夾著海皮艇的雪橇出現眼前。大概是一對父子。他們用鐵棒敲掉結在網上的冰。四天以來我第一次看到人類。忍不住高興。果然還是人類好。

「古達、哈伊那乎納咿。」（大家好、你們好）

他們果然是沙維希威克人。駕著海皮艇到岬前的海上獵殺海豹。我和他們閒聊幾句便立刻出發。

前面還有一道難關，就是要渡過寬三十公里的德東迪西峽灣。內陸運來的冰山流到外洋前都堆擠在約克岬後面。加上雪深。狗的半個身子都陷入雪裡，非常艱苦。我想盡量減輕狗的負擔，一度下橇，但雪深及膝，根本走不動。只能回到雪橇上拚命吆喝「呀—、呀—」。

來到峽灣正中央時，看到沙維希威克部落坐落的沙維希威克島。就差一點點嘍！「看見嘍、看見嘍、越過松林……」我不覺哼起歌來。

下午七點半，終於抵達沙維希威克部落。自圖勒基地出發，漫長的四天的行程只靠地圖，我做到連愛斯基摩人都敬而遠之的單獨之旅。雖然到烏帕那維克還困難重重，但第一個目的地已經抵達，就是一大勝利。

有三個孩子的奇屋其卡提供我住宿的地方。當然，我是他們頭一回看到的日本人。重演我初到西奧拉帕魯克時的情況。

「你從哪裡來？」

「西奧拉帕魯克。」

「你一個人嗎？」

「對。」

他們一臉不敢相信的表情，歡呼起來。裡面還是有人不相信我是日本人。

「你是加拿大的愛斯基摩人吧！加拿大有我們的同伴，從加拿大到西奧拉帕魯克的吧！」

確實，我這幾個月生活下來，愛斯基摩話已非常流利，加上我的黃種人臉。怎麼看也不像外國人。

「不，我是坐船從哥本哈根到卡納克的。」

「是嗎？」

「你知道圖勒基地吧！那裡有很大的會飛在天上的東西是不？我就是坐那個從日本來的。」

「日本人都是這種臉嗎？」一名老人指著我的臉問。

「當然，日本人的臉都和你們一樣。」

「那就是日本愛斯基摩人嘍！」

年輕人興奮地大喊。

「日本在哪裡？」

「阿巴尼、阿巴尼。」（很遠很遠的地方）

這裡沒有地球儀也沒有世界地圖，就算有，對從未走出冰封世界一步的他們，怎麼說明都無用。

奇屋其卡的家擠滿來看陌生稀客的村人。我回答一個又一個的問題，一直不能安歇。

二月二十五日

沙維希威克的房子比西奧拉帕魯克多一點，如火柴盒般排列的景象無異。村後的高地上有豎著十字架的墳場，我爬到上面去看，對岸是海冰隆起的沙特島，遠處是我昨天滑過的阿克利亞爾撒半島、德東迪西峽灣、約克岬。

沙維希威克島是冰山環繞的孤島。居民都是愛斯基摩人。卡納克還常看到白皮膚的丹麥人以及南格陵蘭很多的金髮女郎，這裡完全看不到。這裡的人和我以前在南格陵蘭弗雷德立克（Frederikshåb / Paamiut）、何斯登柏格（Holsteinsborg / Sisimiut）、蘇卡特盆（Sukkertoppen / Maniitsoq）等地看過的混血種愛斯基摩人不同，非常像日本人。

奇屋其卡的太太雅托克小我兩歲，是個美女，非常像「花生姊妹」。鼻子右側有顆黑痣，真是越看越像。她教我唱愛斯基摩人的歌。

她唱歌時模樣就像電視螢光幕上的花生姊妹，我用了一晚上的時間記下這首歌。詳細內容我不太清楚，大概是小孩精神奕奕在屋外玩雪的光景。

下午，我為明天出發做準備時，一個小孩來接我。

「我爸爸請你到我們家去。」

邀請我的是塔茲嘎，他有七、八個小孩和一位九十多歲的老媽媽。

「這位是我的阿娜娜，就快死了。」塔茲嘎指著老太太笑著說。

「幾歲了？」

「不知道，很多很多歲了。」塔茲嘎的太太說。

「為了請你，我老婆準備了很多奇維亞（海豹腹塞小鳥），來、多吃點！」

塔茲嘎指著一頭肚皮縫起來的海豹。只留下皮下脂肪的海豹肚子裡塞進約四百隻羽毛黑色的小鳥。他太太剖開凍得僵硬的海豹肚子，拿出小鳥分給我。小鳥逐漸溶化，發霉乳酪的強烈臭味瀰漫屋中。有點像糞尿臭味。我不禁食指大動。

我抓著小鳥，等牠內臟溶化、身體變軟後，把嘴對著小鳥的肛門，用力吸吮擠出來的東西。味道像是冰優格的紅黑色液體滿嘴，真是說不出的美味。吸完液體後拔掉羽毛，開始吃皮和變成黑色的內臟及肉，最後咬碎鳥頭吸牠的腦漿。嘴邊黑血模糊。沒有東西比浸透海豹皮下脂肪的小鳥更臭、更好吃。我回日本後，最想吃的不是鯨魚皮也不是海豹肝，而是這個「奇維亞」。直到現在，每個月還夢到一次。

村人陸續請我。第二家是吃馬塔（生鯨魚皮），第三家又是奇維亞，都是我最愛吃的東西，但是我的胃量畢竟有限。這樣下去無法做好隔天的出發準備。我捧著肚子剛坐到床上，留著西瓜皮頭的女孩就來請我跳舞。不管我答不答應，女孩們簇擁著我到第四家。二十來個年輕人歡聲迎接我。

房間裡音樂震天價響。我以為是收音機，竟然是錄音機。

「卡—、卡—！」（來跳舞吧！）

女孩拖起坐在地板上的我，我拚命推說不會，還是硬拉不放。房間很小，年輕男女擠成一團，根本沒有舞步，只是抱在一起亂跳。我不好意思這樣緊貼著女孩身體，不過這樣讓年輕姑娘抱著，感覺也不壞。

每當音樂結束，舞伴就換人，就是不放我走。我在日本從沒這麼受歡迎過，也突然產生自信，以為自己是英俊小生！

一個女孩在我耳旁低語「阿撒巴奇」（喜歡你哦），我假裝沒聽懂，她竟咬我的耳垂。

我在卡納克時聽說沙維希威克的女人比男人多，看來是真的。不少人像西奧拉帕魯克的卡利，讓三個不同女人生小孩。的確，包圍沙維希威克的自然環境比其他地方更嚴酷。村人掉到海裡凍死，或流冰沖到外洋而死的意外也多。或許是男女人口不平均的原因吧！

年輕人像要跳到吃下的生肉都消化似的，沒有停止的跡象。

我有點不安。我在安馬沙利克、西奧拉帕魯克、卡納克時，村人都爭相請吃我吃飯、跳舞，最後女人邀我上床。好像成了定例。其實這只是愛斯基摩人對性愛非常自由，不是我長得帥。

跳舞攻勢一波波襲來，我又沒有他們那種性愛觀念，拒絕會羞辱他們嗎？我忐忑不安。

我一直跳到清晨四點，最後一曲跳到一半時，我繞在女孩背上的手無力垂下來，整個人滑落地板上。我裝病逃開這個場面。

第十八章

從沙維希威克到烏帕那維克

二月二十六日

天氣晴朗。奇屋其卡沒有特別勸阻我的烏帕那維克之行。村中沒人走過這條路，雖然都異口同聲說危險，但也沒人阻止。在愛斯基摩人的社會裡，男人帶狗出去打獵時就是大人了，長輩只能給予忠告，不能強制一個大人去做甚麼。

我早上八點就起床，照他們教我的方法增加雪橇的滑走度。我先磨光滑板，貼上浸過麵粉水的棉布，再澆上幾次水，結出厚五公厘的冰。如果只澆水結冰，雪橇衝進亂冰群時滑板上的冰層會立刻剝落，不利滑行，貼上棉布可以防止冰層迅速剝落。這是我第一次嘗試。沙維希威克人在嚴寒的一、二月間常常使用這個方法。我想起來有些加拿大愛斯基摩人也會在滑板上塗泥巴，原來是同樣的道理。

村人都到部落外緣送我。他們大概都以為我不會再回來了。小孩大口喘著白氣，跟著我的雪橇跑了百來公尺。

「再見。」

「謝謝。」

沙維希威克漸漸遠去。零下三十四度中，愛斯基摩人一直揮著手。終於踏上烏帕那維克之旅了。這裡到烏帕那維克有九百至一千公里，就連烏帕那維克地區最北端的部落，距離此地都有四五〇公里。這是從東京出發、沿海路直到名古屋的距離。但是我心激昂。從圖勒基地出發、遇到最後的愛斯基摩人時，我曾因為恐懼不安而數度想要折返，但抵達沙維希威克後我心已完全篤定，前往烏帕那維克的心意毫無動搖。不論如何我都一定要去。

天空晴朗無雲。我朝著烏帕那維克方向，穿過幾座冰山，拚命揮鞭趕狗。狗已完全恢復精神，阿納屋卡的狗也精神抖擻地拉著雪橇。

下午六點半，在距離那托特半島海面約三十公里的地方搭帳棚。我躺在睡袋上，和我舞到黎明的女孩面孔一個個浮現腦海。我真的能平安回去見她們嗎？

二月二十七日

今天也是晴朗無風的日子。這一帶海岸地形錯綜複雜，無法用眼睛和地圖比對位置。我用羅盤測量緯度，方向也錯了七十五度。

單獨旅行之苦在於觀察地形、使用羅盤、修正方向、給狗命令等這些事都要自己來。

稍不注意，狗就逕自跑自己的路。

出發不到四個小時。狗的速度開始下降。雖然可憐牠們，我還是改用棒子代替皮鞭。總是挨打的卡溫那狗兄弟發出垂死的哀嚎。雖然覺得牠們可憐，但也不能任憑牠們亂跑。狗害怕得盡量向內側擠以躲避棒子。被推到外側的狗斜眼瞄著我，一瞅到空隙便往內側擠。繩子立刻糾纏在一起，我不得不數次下橇解開。

突然，狗不聽我鞭子的使喚。「直直跑！混蛋！」但怎麼吼牠們、怎麼揍牠們，牠們還是向右轉。原來狗發現了北極熊的腳印。約有兩個人腳印大的四個趾尖印子清楚留在雪上。是北極熊沒錯，而且是三隻，其中一個腳印較小，大概是北極熊親子吧！留在腳印上的毛也告訴我這是新的腳印。就在附近嗎？我心跳加速。腳印從內陸走向海邊。

太陽還在水平面上。離日落還有一段時間。我想追擊北極熊。能擊倒北極熊，是愛斯基摩男人的最高榮譽。而且北極熊的毛皮可以賣到高價。一頭約十萬日圓，很吸引人。我開始追蹤腳印。

狗抽動鼻子追蹤腳印。我不時站起來眺望海邊方向。北極熊一定是到海邊靠近呼吸孔準備狙擊海豹。海豹鼻尖露出呼吸孔瞬間就被牠們擊殺。不過，牠們的臂力驚人，如果一槍不中，我也將屍骨不存。

追蹤一個小時了，不見北極熊蹤影。腳印進入亂冰群，雪橇在裡面前進困難。兩小時過去、三小時過去，太陽漸漸靠近水平線。我不能再勉強載重四百公斤的雪橇繼續跑。我冷靜下來，心想我的目標是到烏帕那維克，不是打北極熊。稍為花點時間也就罷了，這樣大肆耽誤行程就不妥當。我放棄追擊北極熊，路線轉南。

太陽沉沒後我還繼續跑了兩個小時，六點過後才架起帳棚。今天比往常更小心防範北極熊。我把海豹肉放在帳棚入口可以看見的二十公尺外，讓狗圍在帳棚四周，來福槍放在手邊。

白天的英勇氣息完全消失，聽到冰層裂開的聲音都懷疑是北極熊來了，一躍而起，看到熟睡的狗後才放心。

二月二十八日

晴朗、東南風、氣溫零下四十二度。用羅盤鎖定目標冰山，在海冰上向南進。今天非常冷，鼻頭凍傷痛得無法忍耐。

三月一日

今早被帳棚布的啪噠啪噠聲驚醒。昨天傍晚太陽染上紅色，確定今天應該晴朗，但颳著強風。我探頭往外一看，昨天確實就在附近的一座比摩天樓還高的冰山不見了。霧氣籠罩四周，連二十公尺外的海豹肉也看不見。只看見縮成一團的狗和狂吹的雪。

從沙維希威克出來，離最近的村莊勾特索還不到一半路程。我該頂著強風南進還是等待天氣好轉？我立刻做出決定。帳棚地點是距離陸地一百公里以上的巴芬海（Baffin Sea）中。如果繼續留在這裡，萬一格陵蘭內陸吹來的強風吹斷冰層，我可能隨著流冰漂到更遠的外海，更加危險。西奧拉帕魯克的老人數度給我忠告，當內陸吹起強風時要盡快避難到岸邊。

強風一再吹倒帳棚支架。我片刻不敢猶豫，立刻採取行動。在暴風雪中行動雖然危險，但比死在流冰上好多了。

我先思索鼻子的凍傷對策。鼻頭凍傷發炎，水泡早就潰爛，露出紅紅的內皮，一吹到強風就痛得難以忍受。我用馴鹿皮做擋風面罩。馴鹿皮毛比海豹皮毛更長更軟，直接碰觸皮膚時不那麼痛。我做了三角形和四角形的面罩各一個，遮擋口鼻。

九點，我走出帳棚。挖出半埋在雪裡的帳棚，在雪橇滑板上澆水結冰。解開結凍的繩子，裝載行李，花了兩個小時才一切準備妥當。

方向改東，迎風出發。視界完全不清。看不到目標冰山。只能靠著風向和羅盤前進。狗不喜歡迎風而行，一不注意，就背風而跑。

馴鹿毛皮面罩果然管用。強風直接打在臉上，凍傷絲毫不痛。但不到一個小時，鼻子呼出的水氣開始結凍，變成冰柱垂下來，像是美式足球的面罩。我想換另一個面罩，但塞在外套內側的口袋裡，拿不出來。我右手揮鞭，左手按著鼻子前進。

狗在風雪中苦鬥。我盡全力在強風中固定方向，從手套縫隙看著狗吆喝牠們快跑。手錶的金屬錶帶冷到刺痛皮膚，手已完全沒有感覺。我好幾次握住睪丸溫暖手掌。

雪迎面吹來。臉上一片白茫茫的狗頻出差錯。狗老大康諾特和阿納屋卡的狗垂著尾巴低頭拚命拉，但是卡溫那狗兄弟、耳朵被咬掉的托切、卡扣特等不吃鞭子就不拉。我看到偷瞄我又老是打混的狗就氣。

「好，等沒食物第一個就宰了你來吃，給我記著，沒用的東西，混蛋、快跑！」

要是平常，跑一、兩個小時後會讓狗休息一下，但是現在沒那份餘裕，若不盡快趕到岸邊……。我迎著風連續跑了三、四個小時，一直看不到岸邊。因為視界不清，不知跑在甚麼地方。放眼所見就是冰、冰、冰。因為一路嘶吼吆喝，喉嚨也乾啞，但在這種暴風雪中石油爐根本點不著，不能泡熱茶潤喉。

我一個勁兒地向前跑。

傍晚，霧氣開始散去，視界開闊到可以看見散落在海冰上的冰山。暴風雪已停。就在天黑前，看到一心想望的海岸岩石。我心想「得救了」。終於回到距沿岸數十公里的地方。不會淪落流冰上被強風吹出外洋了。剛才一心趕路而忘掉的凍傷之痛再度甦醒，而且蔓延到鼻子的左側。

三月二日

沿著海岸轉向南進。昨天的暴風雪為海冰堆積上二、三十公分的雪。雪橇深陷雪堆中，像行駛在沙地上。狗一天比一天疲勞，脊骨嶙峋。天氣好轉。

三月三日

今天一早又是視界不清的風雪天。視界很差，無法確定位置。推測是在托克托里西亞半島附近，但完全看不見點點島影。

食物只剩一隻海豹，再怎麼節省也撐不到三天。石油爐的情況從昨晚起就不大對勁，好幾次燒到一半就熄了。我的石油儲量還有十天，但沒有備用的石油爐。照這情況，儘管颳風下雪，我也只能前進。

戴上馴鹿毛皮面罩，把備用的那一個掛在脖子上。顧慮狗的疲勞，雖然有點麻煩，還是必須讓雪橇滑板結冰不可。

九點半，再度迎風出發。

卡溫那狗兄弟不太肯跑，鞭子集中落在牠們身上。狗沒辦法直直跑上五十公尺。狗一度發現雪橇痕跡，我也以為是愛斯基摩人的雪橇痕跡而興奮，但卻是我先前滑過的痕跡。我好像迷失方向在原地打轉。羅盤好像也失靈。焦慮不安讓我眼前一片昏黑。

因為天色太暗，看不清楚羅盤，只好搭起帳棚。狗又瘦又憔悴，步履蹣跚。我把海豹頭分給十二隻狗吃。剩下的食物只夠維持兩天。可能真的要把狗殺了，只留下幾隻。在這遼闊的梅爾維爾灣遇難即意味著死亡。阿蒙森和史考特前往南極探險時為防不歸而建了雪塚。我或許也該這麼做以備遭難，但單獨旅行的人實在沒有這份餘裕。

攤開地圖，藉著石油爐的光研究今天的行走距離和明天的路線。今天在大霧和強風中跑了八個小時。途中數度停橇，速度也慢，最多只跑了四十五公里。

今天狗身上的套帶又斷了。皮製套帶因為狗汗而結凍後，像玻璃般輕易折斷。有時候一天有四隻狗的皮帶斷掉，我修理不及，只好將繩子直接套在狗脖子上。

三月四日

昨晚睡前向上帝祈禱，今天無風無霧，南方天空晴朗一片。遠處可以清楚看到內陸冰河落海的模樣和岩壁。我推定的位置大抵正確，果然來到托克托里西亞半島前。但是距離人住的地方還有一七〇至一八〇公里。不過，能確認現在的位置，已經讓我信心加強。

狗還是很疲勞。卡溫那狗兄弟還是一樣懶，我縮短牠們的繩子，集中鞭打牠們。狗哀哀嚎叫。別的狗因害怕被打而更努力地拉。牠們實在可憐，但這個方法很有效，狗比我預期的出力。雪橇速度超過預期，出發才三個半小時就到達托克托里西亞半島前端。托克托里西亞是馴鹿的意思，沙維希威克的老人告訴我，以前常常在這裡獵殺馴鹿，但是這寸草不生、岩石磊磊的半島真的有馴鹿嗎？我站在雪橇上極目遠眺，毫無動物的行蹤。

我在海冰上發現海豹的呼吸孔，我拿著來福槍等候十五分鐘左右，但海豹終究沒出現。一過半島，又為深雪苦惱。狗深陷雪中，我也必須下來徒步而行。卡溫那狗兄弟的哀嚎也激發不了其他狗的衝勁。

和托克托里西亞半島並行的塞瑪沙克冰河綿延三、四十公里後落海。附近冰山林立，完全阻礙南向進路。我穿梭其間，像在走迷宮。好幾次去路受阻，必須折返。有時候有大塊的冰凌空而降，萬一被打中就完了。繞過冰山和冰山的轉角時也可能碰上北極熊。我總是讓狗先行，拿著槍小心翼翼地跟在後面。

星星開始眨眼。

出發已十個小時，已經晚上八點多。我累垮了，在沒有落冰危險的冰山之間架起帳棚。狗的食物只剩明天的份。我的食物也只剩下八片餅乾。但是石油還剩很多。即使食物告罄還有暖氣，也有可充當食物的狗，我不會餓死荒地。

狐狸皮袞的下襬破了，必須修理，但是一進帳棚，累積一天的疲勞一股湧出，我不知不覺睡著了。

三月五日

昨晚一進帳棚就睡了，今早六點起來，準備出發。我在晾乾靴子的空檔研究今天的行動。要如何安全通過昨天沒有穿過的冰山帶？我想先折返托克托里西亞半島，再繞行冰山帶的外海較好。選擇可能浪費一天但安全的路線，要比闖入危險較多的冰山帶好。路程剩下一五〇公里。這比我走過多次的西奧拉帕魯克—卡納克之間的往返距離要短。

行程比我想像的還順利，還發現昨天沒注意到的捷徑。真是幸運。但狗群還是累得步履踉蹌。

地圖上，塞瑪沙克冰河前面有座島。但是我穿過冰山帶後並未看見島影，我懷疑昨天通過的半島是托克托里西亞半島嗎？如果是的話，我此刻在甚麼地方呢？心中的不安漸漸擴大。

但再怎麼猶豫也是枉然。我只有盡量節省石油。我開始認真考慮殺狗來吃。

阿蒙森去南極探險時也為了減輕雪橇載重而把不需要的狗殺來吃。但是我做得到嗎？

那一直忠實追隨我、看到我就搖尾巴的狗，我下得了手嗎？我看著累垮的狗，祈禱牠們盡力快跑、不要讓那殘忍的事情發生吧！

不過，我的擔心多餘了。太陽下沉時，尋找中的島影突然矗立眼前。因為腦袋昏沉，距離又遠，所以先前看不到。我採取的路線正確無誤。

晚上九點，狗終於一步也跑不動了。即使我走在前面，牠們也跟不上來。我架起帳棚。一天十二個小時的奔波確實艱苦。一進帳棚疲勞便一湧而出，來不及防備北極熊便睡了。

三月六日

知道行進的路線正確後，今早覺得從容些。測量一下氣溫，零下三十六度。越過三個散落的島、來到安德拉普島前，發現雪橇痕跡。終於遇到幾已忘懷的人類。兩天前陷入冰山迷宮時還擔心就這麼死去、無精打彩的，現在卻腳步輕得想跑。果然是心隨境轉。

今天只跑七個小時就紮營。當然是因為冷，但主要還是想拍幾張照片。狗的狀況不好、雪橇也跑不快時，我為了減輕雪橇重量，好幾次想丟掉照相機。那個想法此刻想來猶如作夢一般。

三月七日

今早雲遮天空，比昨天溫暖。氣溫只有零下二十四度。距離勾特索只剩四十公里。狗群已困頓累乏，用力扯繩仍動也不動。起初還以為牠們死了，揮鞭下去才抬起頭，慢吞吞地跟在我後面。循著昨天發現的雪橇痕跡前進，速度順暢許多。不久，雪橇痕跡漸多。我已經進入勾特索的狩獵範圍。海冰上也發現獵捕海豹的網。來到勾特索附近，連狗也察覺到人的氣息，打起精神猛衝。

我有些焦慮。三個多月沒洗的身體、污垢積厚的手指，都讓我羞愧不已，不敢見勾特索的愛斯基摩人。我在雪橇上伸手抓起一把雪摩擦滿是污垢的手。雪變成漆黑的液體，滴落白色的雪地。我接著洗臉，以前西奧拉帕魯克的愛斯基摩人曾經說「Naomi 好臭」，我不想在勾特索也讓人這麼嫌。我捲起外套袖子聞聞，沒有特別的臭味。

我在雪橇上哼著歌曲。繞過島上最後一個突出的岬角，眼前突然出現狗拉雪橇。離開沙維希威克的第十一天，頭一次看到南格陵蘭的愛斯基摩人。我高興地身體發抖。

「古達。」

「古都夢。」

我們緊緊握手。還是人好。

「瓦嘎、奇蹟波、西奧拉帕魯克。」（我從西奧拉帕魯克來。）我笑著說，但是他們好像聽不懂，歪著腦袋。

「瓦嘎、奇蹟波、圖勒。」

「……圖勒？……」

他們說得很快，還有極地愛斯基摩人所無的強烈口音，我完全聽不懂。

「瓦嘎、卡姆奇嘎、西奧拉帕魯克、卡納克、圖勒、沙維希威克、安馬、勾特索。」（我坐雪橇經過西奧拉帕魯克、卡納克、圖勒、沙維希威克來到勾特索。）

他們終於了解我的意思，眼睛咕嚕咕嚕轉，再次用力握我的手。

「你是加拿大人？」

「我是日本人。」

對方一臉訝異。圖勒地區和烏帕那維克地區的語言完全不同，我在北部滯留期間日常會話毫無困難，在這裡卻完全不行。他們認為我是加拿大愛斯基摩人也不無道理。

之後，又碰到三個出來獵捕北極熊的年輕人，不管我怎麼說，他們還是認定我是加拿大愛斯基摩人。

勾特索在海岸斜坡上。紅、藍、黃漆的火柴盒小屋散落各處。我瞬間就被小孩圍繞。孩子們奔走呼號：「加拿大人來嘍！」我對孩子們說「古達、古達」，眼淚差點流出來。大人也都從屋裡跑出來。

圖勒地區和這裡雖然講的都是愛斯基摩話，但有地方腔的差異。我拚命說明，他們仍然當我是加拿大人。雖然言語不同，但人一樣親切。我接納他們的善意，借住在政府販賣所工作、地位相當於村長的約翰・尼爾森家裡。

年約四十歲、挺著大肚皮的尼爾森是村中唯一的白人，他是格陵蘭人，太太是愛斯基摩人，有九個孩子。

我先把尼爾森給我的鮃魚餵狗。牠們真能撐。狗群爭食脂肪多的鮃魚肉，隨即像醉倒似瞇著眼躺在地上。

我在溫暖的屋中露出十一天沒有暴露的皮膚，躺成大字。昨天以前，北極熊來襲的恐懼和海冰裂開的聲音還讓我神經緊張，今天就完全放心無慮，簡直像在天堂。我最高興的是尼爾森的女兒都很歡迎我，就這一天，在結束艱苦旅行的鬆弛心理下，我無法理性拒絕姑娘們的邀請。

三月八日

早上六點，像往常一樣醒來。我不在帳棚裡。不需要在瑟縮寒冷中點燃石油爐。我聽著睡在一起的女孩的輕微鼾聲，陷入沉思。離開西奧拉帕魯克已經一個多月。伊努特索爸媽不知怎麼樣了？我那些日本朋友又是如何擔心呢？好希望早一刻抵達烏帕那維克，平安無事地和眾人聯絡。

勾特索和烏帕那維克之間有許多島，不少半島細細長長地突出海面，必須繞更多的路。大概四、五百公里吧！聽尼爾森說這條路線多雪，海流快、冰層薄，不能掉以輕心。不過，這一路上還有幾個部落，不像從沙維希威克來時一路杳無人蹤。

我在勾特索停留兩、三天，等待狗群恢復體力。西奧拉帕魯克的主食是海豹、海象和鯨魚肉，這裡則是鮃魚。當然也吃海豹和鯨魚，但捕獲量不大，只好以隨抓隨有的鮃魚替代。每戶人家平均五天才抓到一隻海豹，但一天能釣到二十多條一公尺以上的大鮃魚，足夠一家人吃一個星期。這裡的生活水準低，或許和抓不到海豹有關。因為海豹皮可以賣給政府。

這裡也看不到圖勒地區到處都有的儲藏生肉用木框架。反倒是鮮魚像山一樣堆在屋頂。狗是吃海豹肉還是鮮魚，一目了然。這裡的狗個頭小，狗毛沒有光澤。我的狗體質已經不好，算是「烏合之狗」，但是和這裡的狗比起來，狗毛光澤好，腿又粗壯，很有份量。不只是狗，這裡的一切都和圖勒地區不同。圖勒地區的靴子以白色的海豹皮靴為主，這裡是黑色。形狀方面，北部地區為了保溫，靴子較大較寬。女人的服裝也不同。這裡的女人上衣領口縫著珠珠、穿海豹皮褲和刺繡皮靴，圖勒地區的女人穿彩色襯衫、狐狸皮褲和長及大腿根部的白海豹皮靴，靴子上沒有刺繡。這裡的愛斯基摩人的文化，和十九世紀末才從加拿大過海而來的北部愛斯基摩人相當不同。

來到這裡，我的狗吃了太多鮮魚，又瘦得脊骨突出，但精神恢復許多。我不能一直閒耗下去。我必須出發往最終目的地烏帕那維克。

三月十一日

我離開時送這兩天照顧我的尼爾森閃光燈和十捲底片，也送他太太一條圍巾。距離下一個村落卡桑奴約一百公里。深雪已在預料之中，我帶著充當狗飼料的鮃魚。繞過何姆斯半島後天氣轉為下雪，視界模糊不清。我靠著羅盤和地圖前進，下午八點過後，在伊努古斯立克海冰上搭帳棚。不知是不是吃鮃魚的關係，狗又開始下痢。

三月十二日

狂風大雪。零下二十四度，氣溫升高。我暫時等候天氣好轉，但是等到下午還沒有好轉的跡象，決定冒雪出發。

我靠著羅盤在視界不到十公尺的風雪中前進。狗雖然休息夠了，卻完全跑不動。狗老大康諾特爪尖流血，阿納屋卡的狗拖著爭奪食物時被咬傷的腿。每一隻都不聽使喚地鬧罷工。

在視界不清的海冰上也讓我惴惴不安。走了好幾個小時，總錯覺還是在同一個地方打轉。雖然看見卡桑奴前面的努索阿半島，但我不敢確定，只好先紮營再說。今天應該跑了五、六十公里。

三月十三日

早上六點，從帳棚口往外一看，遠處有個黑影。是努索阿半島。昨天視界極壞，所以看不到。我查看溫度計，零下十六度，氣溫高得讓我懷疑溫度計是不是壞了？走出帳棚，真是溫暖得有點怪，還留在海冰上就危險了。我打醒狗群，立即出發。

狗還是一樣沒精神，但是可以看清楚地形前進，我的心踏實些。

來到距離努索阿半島前的小島四、五百公尺時，雪突然變軟。狗恨不得早一步上陸似沒命狂奔。跑在最前面的康諾特突然陷入雪中。

危險！

我背脊一陣寒，在海冰上跑雪橇，最危險的情況就是掉落海水。我是有注意到零下十六度的異常高溫，但沒想到海冰在這個地方張開大口……。因為表面覆蓋著雪，不易發現，雪橇陷入摻著雪的海水裡無法改變方向。我跨下雪橇，海水便湧到我的膝部。

幸好十五公尺前是片堅冰，雪橇不能轉向，只能直直前進。我渾身血液倒流般拚命驅趕狗群。狗在深達腹部的雪水中掙扎，雪橇慢慢陷入雪中。心想大事不妙也為時已遲。

雪橇浮在雪水中，狗群揚著頭拚命掙扎，行李開始進水，我站起來斥吼狗群，但還是原地踏步不前。

雪橇距離堅冰僅四、五公尺。我渾身溼透，已有心理準備。我把行李中的換洗衣物、石油、爐子、火柴、帳棚等拋到堅冰上，決定自己游過去。在零下十六度的溫度下我游得動嗎？但總比留在這裡等著沉沒要好。

但當我拋出石油爐、正要解開綁著帳棚的繩子時，最前面的康諾特已踏上堅冰。其他的狗也陸續踏上。狗似乎也覺得放心了！一爬上堅冰便不想再拉雪橇，懶洋洋地不動。這樣下去雪橇會沉沒。不能這樣悠閒。我用鑿冰洞的鐵棒打狗，拚命驅趕牠們，當雪橇前端接觸到堅冰時，我想這下得救了。

伊米那老人告訴過我，南部多雪，海水會隨時隨地冒出，必須特別注意，尼爾森和勾特索的人也都這麼說過。

但是從沙維希威克到勾特索之間的十一天艱苦旅程完成後的自信，讓我輕忽到卡桑奴之間的一百公里路程。我徹底反省。北邊有北極熊、亂冰和冰山的危險，南邊有掉落海水的危險，每個地區都有不同的危險。過去常聽人說的危險，今天真是親身經歷到了。

之後，有點弄錯尼爾森告訴我的翻越努索阿山的路線，到達卡桑奴村時已過傍晚六點。平常只要三個小時的這條路線花了我十個半鐘頭。

三月十四日

在卡桑奴村，我接受芬恩家的招待。芬恩是丹麥人，三年前來到這裡，他自己有船，雇用愛斯基摩人捕鯨魚和海豹。他有十二隻狗，用鞭技術比愛斯基摩人還好。他太太管理政府設置的醫院。說是醫院，其實只是有電以及少數醫療品的簡單設施。

我本來想今天就出發，但是狗還沒完全恢復，不得已延遲出發。尤其是卡溫那狗弟弟，連最愛的海豹肉都不碰，不知道還能不能撐過一天。牠縮著背，步履蹣跚地隨時要倒下來，肛門流著水便，嘴角不停流口水。我不忍見牠死在我面前，於是送給想收留牠的愛斯基摩人。我以為他會把狗帶回家去好好照顧，將來用來拉雪橇，這想法簡直大錯特錯。沒多久就聽到一聲槍響，卡溫那狗弟弟瞬間就被剝皮吃掉，狗皮還掛在那戶人家的房子前。漫漫長途陪著我一路從西奧拉帕魯克走來的朋友被殺，我難過極了。歸途再訪這個村落時，卡溫那狗弟弟的皮已變成愛斯基摩人身上的外套。

三月十六日

陰天，下雪。零下十八度。今天往努塔謬部落前進。一百三十公里的路程。幸好地上有雪橇痕跡，不需特別注意方向，只要讓狗跟著痕跡跑。看到卡溫那狗哥哥，覺得牠寂寞可憐。

今天十一個小時共跑了六十公里，在嘎德納島的海冰上搭帳棚。

三月十七日

晴朗。天氣一晴，氣溫就急速下降，零下三十四度。氣溫一低，雪橇滑行更差，但海冰堅實安定，心情相當輕鬆。

來到峰頂時看見散落海冰上的點點島影。想到目的地烏帕那維克就在前面時，不禁心跳加速。已經到了讀秒階段。我拿出相機，豎起三腳架，拍照留念。今天進入努塔謬。

三月十九日

從努塔謬出發，通過提西烏沙部落，往英納斯部落前進。接近烏帕那維克，地面的雪橇痕跡也多了，好幾次碰到出來釣鮃魚的愛斯基摩人。經過提西烏沙，跑過陡峭的岩壁下，遇到附近部落的巡迴學校老師和牧師。藍眼睛白皮膚的丹麥人。遇到他們，知道更接近烏帕那維克了。

三月二十日

越向南進，雪橇的痕跡越多，接近烏帕那維克了。狗也知道抵達村落後就能飽吃鮃魚，不顧疲累地加勁衝刺。我一邊駕著雪橇，一邊點燃石油爐，溶解雪水煮咖啡喝。正因為先前的旅程是那麼艱苦，此刻的悠閒特別有味道。

通過狹長的島後看到一個小部落。地圖上寫的是納雅部落。說是部落，其實只有五、六棟小房子。我經過時揮揮手，房子窗戶裡面也有人向我揮手。

在雪橇獨行三千公里折返點烏帕那維克紀念攝影。

渡過烏帕那維克峽灣，靠近阿皮雷特（Aappilattoq）島時，發現海水冒著蒸氣。原來是低溫下沒有結凍的海水變成霧氣猛烈上升。這附近的冰層很薄。雪橇小心翼翼地走在晃動的海冰上。藍色的冰層厚不到十公分。到了這裡才落海，實在划不來，我不得不慎重。雖然要多花時間，但為了安全起見，我決定走陸路翻越只有三十公尺高的小山。來到山頂，就看到海邊的阿皮雷特村。烏帕那維克距離這裡三十公里。但是阿皮雷特的海邊只凍結一百公尺左右，再過去都是海水。要去烏帕那維克，一定要渡過這裡，我要等明天冰結得更穩時再走嗎？我有點不安。

我在阿皮雷特村接受阿貝爾．浩森的招待。不論走到哪裡，愛斯基摩人都笑臉相對。阿貝爾說，明天氣溫若超過零下三十度，去烏帕那維克就有可能。他在地圖上指出一條避開海水、大幅度繞過峽灣的路線給我。

三月二十一日

昨晚聽著阿貝爾和他兒子的鼾聲，又想到烏帕那維克近在眼前，興奮得一直睡不著。我雙手疊在胸前，鑽進睡袋裡，手錶的滴答響聲聲入耳。

早上七點半，眾人還在睡夢中，我已經醒來，開門看看天氣。冰冷的外氣一湧而進，房間裡冒著蒸氣。滿天星星，東南方的天空微亮，知道天快亮了。屋前的海水冒著熱氣。我拿出溫度計，只見刻度一直下降，停在零下三十三度。比昨天高兩度。不過，氣溫這麼冷，海冰方面就不用擔心了。

我準備出發事項。我先仔細套上阿貝爾的太太卡麗昨晚睡前幫我晾乾的靴子和手套。大概被聲音吵到，卡麗也醒了。

「早安，Naomi，今天要去烏帕那維克？」

「是的，傍晚就回來。」

「天氣很好哩！」

「嗯，氣溫有三十三度，情況還不錯。」

她把煤炭塞進爐子，接過我手上硬邦邦的靴子用力揉搓。看樣子今天還會回到這裡，我把全部行李寄放在她家，只帶了非常時期用的帳棚、石油爐和照相機。

終於要出發了。阿貝爾再度在地圖上確認路線，給我一隻狗帶路。

「知道吧！直直橫過這裡，繞過那座島。今天一定要回來。氣溫一升高，冰就軟了，恐怕回不來，不論多晚，今天一定要回來，知道嗎？」

「知道了，我走嘍！」

海冰是新結的，泛著藍光。狗的情況很好，牠們也高興拉變輕的雪橇，以二十公里的時速疾馳。就在前面五十公尺處，海水露臉，冒著熱氣。要是在這地方掉下去，就全部玩完了。我盡量遠離海水向前奔馳，途中數度碰到愛斯基摩人，每一次都被問到：「從哪裡來？」

我一說是「圖勒」，問題便如雨下。待我說我是日本人時，他們更加混亂，遲遲不放我走。這樣一路耽擱，恐怕今天回不了阿皮雷特。因此我再遇到愛斯基摩人時乾脆不停雪橇，只是揮手打聲招呼就擦橇而過。

我本來想到烏帕那維克的郵局寫信報平安，但想到時間緊迫，即使三十分鐘也不能耽誤。幸好雪橇走在平坦的冰上，我拿出信紙，就在雪橇上寫完六封信。在零下三十三度的室外，而且是在雪橇上，著實是難得的經驗。

下午兩點過後，終於看到烏帕那維克鎮全貌。像積木似的紅、綠、藍色的房子從海邊朝山丘點點散落。規模果然比西奧拉帕魯克和勾特索大多了。路上甚至有汽車在跑。——終於到達烏帕那維克了。這是我賭全身性命而來的目的地。我無法壓抑感動的淚水。二月四日離開西奧拉帕魯克以來，剛好第四十六天。

我立刻到警察局去為護照蓋章，然後打電報到西奧拉帕魯克報平安。時間寶貴，我無暇沉浸感傷情緒裡。我到販賣所買了蘋果、餅乾、洋芋片、奶油、果醬麵包和可口可樂，下午四點又離開烏帕那維克。我在雪橇上吃到的蘋果滋味比我過去吃到的香甜好幾倍。

第十九章

歸途的糧食危機

三月二十五日

回圖勒的日子終於來臨。我在阿皮雷特停留四天，一方面因為狗的狀況又變差。近半數的狗趾尖流血、瘦削，走路成內八字。另一方面是我必須籌措歸途的糧食。我在村中的販賣所買了兩綑四百公尺的麻繩和一百支釣鉤、一片白鐵皮板，專心去釣鮃魚。我在卡納克有釣鮃魚的經驗。這裡的冰薄，鐵棒一戳就開個洞，兩分鐘就弄出個直徑一公尺的洞，不像在卡納克時那麼費事。

在這裡常吃鮃魚。煮過的鮃魚骨肉破碎，筷子夾不起來，但味道真是好。每天喝那脂肪豐富的魚湯，喝到要吐的地步。

不去釣魚的日子就拜訪愛斯基摩人的家，喝喝咖啡、吃吃東西。晚上一定和阿貝爾的兒子出去跳舞或玩牌。這裡的女孩一樣豪爽開放。唯獨此時，我沒有抗拒地進入自由的愛慾交歡裡。

但我不能一直在這裡蹉跎。狗的背脊長出些肉，看起來頗有精神。我必須出發了。我送給阿貝爾夫妻一隻狗。我知道他們想要一隻圖勒地區的狗。我送他的是十一隻狗中唯一的母狗，雖然牠是其他十隻公狗的偶像，但是懷有身孕，可能不到圖勒就會生產。剛出生的狗仔平添旅途累贅，不如送人，阿貝爾一定會好好撫養牠們母子的。

在阿貝爾家中，他太太總是請我喝咖啡、吃手工麵包。我為了謝謝他們並付些膳宿費，便給他一百克朗。他起初不肯接受，推辭許久，勉強收下。

阿貝爾送我一個漂亮的水鳥標本作為紀念。體形像鴨子，渾身漆黑，雖然不太符合旅行的兆頭，我還是欣然接受。

十點半，終於要出發了。阿貝爾夫妻和孩子們一起揮手送我。我還會再見到這些親切的人嗎？我站在雪橇上，也不停地用力揮手。

四月八日

抵達勾特索。烏帕那維克最北端的部落勾特索，在愛斯基摩語裡是「拇指」的意思。部落裡面有高四、五百公尺的陡峭尖峰，像拇指一樣，因而命名。

四月十三日

離開勾特索。想到來時整整耗費十一天才從沙維希威克抵達勾特索，如今回程少了一隻狗，心裡難免有些虛。沒有買狗的錢。沒辦法，只好放棄旅途中錄下許多愛斯基摩人聲音的錄音機。雖然可惜，但這時候我更需要狗。

我弄到三隻狗，都比圖勒地區的狗瘦小，兩隻像哈巴狗，一隻是十多歲的老狗。這下我更心虛了。我一咬牙，決定再買一隻。這次是用一台小型照相機換來。

雖然是四月初，海冰上已有海豹出沒，是愛斯基摩人駕著狗拉雪橇奔波的時節。因此每個人都急著要狗。體質再差的狗只要能弄到手，就值得慶幸了。

十四隻狗跑得很順，這樣要回沙維希威克不難。尼爾森的兒子彼得斯和約翰從勾特索一路伴我行，和我在來時陷入冰山迷宮吃盡苦頭的塞瑪沙克冰河附近分手。他們要去冰山獵北極熊。

「日本人，小心哦！」

「謝謝，再見，代我問候你爸媽好！」

懼。

他們揮著手，消失在冰山群裡。

太陽升高，氣溫漸漸上升，穿著狐狸皮裘感覺熱。狗跑得很順，毫無來時的不安疑懼。

第二天傍晚，我在海冰上發現海豹。海豹像點點芝麻般灑在白皚皚的海冰上。冰層一變薄、太陽升高時，海豹就爬到冰上曬太陽。我追著海豹北上，雪橇才稍為駛出海面，冰上海豹就多得我懷疑自己的眼睛。我不讓雪橇太靠近，一邊前進又一邊向狗發出「啊咿、啊咿」（停）的命令，緩慢前進。但當我架好安放來福槍的小橇時，發現並沒有遮掩我身體的白布。要想接近海豹而不被發現，必須有這東西不可。我原本有一條綁在雪橇柄上，大概途中自動解開飛掉了。我眼睜睜看著海豹遍地，卻無計可施。

幸好我想到一個代替品——汗衫。我從皮箱中拿出汗衫，割開接縫處攤開，雖然有點髒，但比黃色的帳棚布和藍色的披風好多了。我削下一片雪橇板，把汗衫掛在上面，總算做好掩體。我比手畫腳吩咐狗群。

「乖！我要去獵你們的海豹大餐，乖乖在這裡等著！」

狗好像聽懂我的話，停止騷動，坐在雪橇前凝視我。我把掩體放在小橇上，向海豹位置前進。接近四百公尺左右時，我揪下一根毛測風向，繞到下風處。我把掩體推向前，匍匐前進。海豹雖然悠哉地躺著，但對人和動物的氣息很敏感，只要聽到一點聲音，立刻潛到水下。我接近到二百公尺時，海豹猛然抬頭。我趕快藏身在掩體後。海豹又把頭倒在冰上。我又前進。海豹又……。我想，如果能接近海豹到只剩一．五公尺的距離時，怎麼打都會中吧！海豹好像察覺到氣息不對，緊張地看著掩體。

約一百公尺處，無法再接近了。我端好來福槍對準海豹心臟扣下扳機。「砰！」一聲的同時，我的胸部受到衝擊。海豹只是抽動一下，立刻跳近呼吸孔裡。冰上有血，應該打中牠了。

愛斯基摩人一再叮嚀我，獵殺海豹時一定要接近到四十到七十公尺的距離內。但我這次是在看起來像六、七十公尺，實際上一百公尺外的地方開槍。以我的槍法，根本打不中。海豹散落海冰上曬太陽。我瞄準第二隻，一樣沒打中。是我的槍準星不準嗎？應該不會。離開勾特索時，阿貝爾的兒子曾試射我的來福槍，準星都很正。是瞄準的地方不對嗎？這回，我瞄準海豹的頭，完全不中。瞄準第四隻時，我還沒開槍就已經逃走。我雖然沒有多大自信，但每一隻都被逃掉，還是讓我垂頭喪氣。四個小時下來，一隻也沒打到。只是把北極熊皮褲和手套搞得濕淋淋的，真是掃興。

就在這段時間，雪橇那邊發生嚴重大事。我踽踽走回雪橇時，忍不住慘叫。這一趟為回沙維希威克而準備的五、六天份糧食都被狗吃個精光。不只是牠們的糧食，還有我的。鮮魚、鯊魚肉、咖啡、紅茶包、砂糖、餅乾、人造奶油……，通通不留痕跡。

我張口傻眼。我此刻才到沙維希威克路途的一半，還在看不到陸地的巴芬海上。但是耗在這裡也不是辦法。我總得採取甚麼行動。我決定繼續向沙維希威克前進。雖然返回勾特索的路途比較近，但是狗已吃飽了，即使沒有糧食，也能撐個三、四天，而且有這十四隻狗，萬一時期也能充當食物，何況，明天或許能獵到海豹。我下定決心，揮鞭向狗。

「畜生！我去打你們的食物海豹，看你們做的好事。既然這樣，不乖乖聽話拉雪橇的話，我就一個個把你們宰來吃！快跑！」

減輕了糧食的重量，雪橇變得較輕，但狗還是跑不快。最前面的康諾特突然慢下腳步，隨著激烈的嘔吐聲，剛才吃下的東西全嘔出來。接著，卡庫的狗和伊努特索的狗也開始嘔吐。似乎那些食物都讓會打架的狗獨占了，我在勾特索弄到的幾隻弱狗這時正努力搜食那些嘔吐物。

雪橇的速度更慢，看到吃太多跑不動的狗我就生氣，很想揮鞭打下去。但是讓亢奮的狗受傷也很危險。我焦躁不已。傍晚早早停下搭帳棚。明天無論如何要去獵海豹。目前為止每天都寫日記，可是今天真的提不起勁。

四月十七日

氣溫零下二十五度。午後晴。海冰上容易行進，但是狗就是想靠近海岸。沒看見一隻海豹。早上九點出發，跑到晚上十一點。狗已經完全累垮，休息時頭立刻趴在雪上躺下來。之前我在帳棚裡擔心北極熊，但今晚倒希望牠真的來襲。

四月十八日

視界一片霧濛濛的看不清。零下二十三度，十點半出發。狗勉強跑了四個小時，下午兩點過後速度就比走路還慢。勾特索的兩隻小狗和卡溫那狗哥哥都勉強撐著身體不要倒下。我想讓牠們離開隊伍，但又需要牠們哀嚎警惕並牽制其他的狗，雖然覺得牠們可憐，還是要牠們繼續跑。

狗老大康諾特和其他強勢的狗可以吃掉自己拉的屎。但是弱狗拉屎時強狗就繞到牠後面，一拉出來就咬走。狗拉屎時會像被鞭打時發出聲音預告，其他的狗立刻知道。前面已經寫過，狗很喜歡吃大便，糞便當前，根本不聽我鞭子的使喚。

傍晚，狗都跑不動後，我跨下雪橇跑在前面。這時狗不必擔心鞭打，更徹底怠工。伊努特索的狗托切和十多歲的老狗完全在偷懶，真正拉雪橇的只有弱狗。我跑步的時速是三公里，狗甚至比我慢，瞬間就和我拉開五十公尺的距離。勾特索的狗已完全累癱了，被雪橇拖著走。用鞭子抽打、用鐵鍊恐嚇，都毫無反應。我想乾脆殺了牠們吧！但看到那雙淒切望著我的狗眼，我下不了手。

下午六點，霧中突然浮現島影。我以為是幻覺。因為疲勞過度時常有這種現象。但仍冀望那是沙維希威克島。我打起精神，拿出地圖，還是無法確認這座島在地圖上的位置。晚上十二點搭帳棚，感覺頭暈。

「上帝，救救我吧！」

我在帳棚裡數度呢喃。

四月十九日

剛才翻開日記，甚麼也沒記載。只是在地圖後面記上日期、片段地寫著。

瞪著地圖、狗不跑、慢吞吞地
一隻狗掉進冰河裂隙、浸在海水裡
沒有糧食已第五天
該吃狗肉嗎？
雪橇一半掉進海水
三天前逃掉的海豹在眼前浮沉
夢到獵殺北極熊

上午十點半出發，下午十一點搭帳棚。

我反省自己是不是做了無可挽回的事情？離開勾特索已經七天。每天的行動時間比來的時候要長，應該接近沙維希威克了，可是完全看不到一點跡象。光靠這八十六萬分之一的地圖來判斷地形相當困難。何況這地圖也不是格陵蘭內陸地圖，而是沿岸航線用的海上地圖。單獨旅行只準備這種地圖是錯的，但現在再說甚麼也來不及了。總之我必須採取行動。

今天，我認真考慮是否要殺狗？想到明天的路程，如果不趁今晚殺掉三、四隻來餵食其他的狗，明天又動不了了。就在今晚付諸實行，是最安全的方法。但我終究做不到。出發以來完全沒有戰力的卡溫那狗哥哥是糧食的第一候補，但是我做不到。

阿蒙森、南森和這裡的愛斯基摩人，都認為殺狗是理所當然的事。我以為在西奧拉帕魯克的生活已讓我完全融入愛斯基摩社會，但是我很清楚，對狗的看法，我還是完全不脫日本人的想法。

四月二十日

早上，我一直拿著地圖推測現在位置。好像是在距離沙維希威克四、五十公里的地點。早上六點出發。狗還是一樣，我繞到雪橇後面推。早上推測的位置果然正確，來到上次追擊北極熊的地點。

距離沙維希威克還剩三、四十公里。我徒步縱走日本列島時一天平均走五十五公里。即使狗不行了，靠我這雙腳也足以應付這段路，我有擺脫死亡陰影的解脫感。

狗突然開跑。我趕緊跳上雪橇。是北極熊？還是海豹？我握緊來福槍。狗拚命狂奔，剛才還病厭厭又蹣跚踉蹌的，現在卻拉直背肌、以時速二十公里的速度衝刺。

「畜生！剛才都在給我打混是吧！」

牠們為甚麼突然狂奔？四周不見北極熊和海豹的影子。雪橇越過一座又一座冰山，眼前突然出現海岸。那不是沙維希威克嗎？我從反方向過來，難怪看不到。狗一溜煙奔向海岸，停在岩石磊高的地方。抽著鼻子，扒開地面仰頭看我。那是儲藏水鳥的洞穴。狗聞到這臭味飛奔而來。下午六點，我終於進入沙維希威克部落。

全村的人都來迎接我。記憶猶新的面龐……。每個人都滿面笑容。得救了。我感到一陣虛脫。離開勾特索第八天。往程耗時十一天，回程縮短了三天。這些狗也真能撐，很高興沒有殺了牠們。

四月三十日

四月二十三日離開沙維希威克，雪橇順利經過圖勒、莫利沙克。

我把狗趕上往卡納克的伊特畢克峰。山峰那邊就是英格雷峽灣，對岸是我懷念的卡納克。不過卡納克畢竟還在五十多公里外，即使站在峰頂也看不到。但光是看到這往返過多次的熟悉地形，就無端湧起「我做到了」的喜悅。我停下雪橇，拍攝好幾張照片。先前以卡納克為據點奔繞多次卻毫無感動的周邊風景，此刻卻有說不出的感動。峰頂的氣溫零下三十二度，但是臉上的凍傷絲毫不痛。或許是脫皮的關係，但心情的影響似乎更大。

我開始下坡。我在雪橇滑板纏上鐵鍊、直線滑下傾斜度三十五度的陡坡。來時攀爬得恐懼不安又艱苦，現在毫無顧忌。不用鞭策、狗就以時速三十公里的快速拚命前奔。瞬間來到英格雷峽灣。寬四十公里的英格雷峽灣已經讓我有散步的心情。卡納克就在眼前，雪橇上只有帳棚、睡袋、石油爐。那十四隻狗也聞到卡納克人的氣息，更加快速度。我數度站起來搜尋卡納克村的方位。

下午一點，終於看到盤據山麓的卡納克村，也看見走動的人影和奔馳的雪橇。我終於到達卡納克。我不覺對狗說：「嘿，終於平安無事到達卡納克了，謝謝你們嘍！謝謝！」

狗群還忘我地疾馳在不穩的冰層上。

村落漸近。我看到狗，也看到玩耍的小孩。看到懷念的藏肉用木框架。他們都相信我去到烏帕那維克嗎？我該怎麼向他們說明才好？

雪橇入村。懷念的面孔團團把我圍住。也看到阿納屋卡。

「好嗎？」

「很好。」

「你果然去了烏帕那維克？」

「沒錯，一個人去的。」

「很艱苦吧？」

問題連番拋來，爭相和我握手。我那封安抵烏帕那維克的電報好像大家都知道了，但在見到我的人以前，他們還是不敢相信。

突然，人牆後面傳來「Naomi，Naomi」的叫聲。是伊努特索和娜托克。他們趕來卡納克接我。

「Naomi，回來了真好！」

伊努特索推開人牆，奔過來緊緊抱住我，不停地拍我的背。娜托克只是抱著我不停地說「Naomi，Naomi」。她眼裡含淚，皺紋滿布的臉貼著我的臉。我的臉頰沾到娜托克的眼淚，心想，這段漫長艱苦的雪橇旅行真的結束了。

「圖勒來的人說，你一個人去沙維希威克，一定死了，我們真的好擔心。」

「是啊，直到你的電報來以前，我們都以為你死了。」

我在西奧拉帕魯克的家裡盡情伸展四肢大睡，那是五月四日，距離我出發之日整整三個月。

第六部
再見，西奧拉帕魯克

在西奧拉帕魯克的岩岸，會有一種類似燕子的水鳥飛來產卵。這種鳥是愛斯基摩人六、七月的食物來源之一。

第二十章

滑雪橫越西奧拉帕魯克——卡納克之間

結束三千公里的雪橇之旅，回到西奧拉帕魯克，我又恢復原本的生活。不是駕著小船去獵海象，就是和卡利去加拿大獵北極熊，享受北極海之旅。

我曾嘗試滑雪橫越西奧拉帕魯克和卡納克之間。我不是為了打發無聊。在雪橇訓練時我就想測試一下滑雪在極地能發揮甚麼作用。我曾向聖母峰國際登山隊的隊友挪威人奧圖學習北歐式滑雪（Nordic ski）技術。一般的山地滑雪（Gelande ski），我在法國時已向奧運金牌得主尚・巴爾聶學過，並在法國白朗峰區的業餘滑雪賽中獲得十三名，因此多少有點自信。但是真的要做越野滑雪（Tour ski）時情況又不一樣了。我在挪威奧斯陸（Oslo）時和奧圖做過五十公里的越野滑雪。奧圖是挪威軍方三十公里滑雪賽的冠軍，沒有人比他更適合當我的教練兼旅伴。

本來，我還有個雪橇旅行的第三期訓練計畫，在四月到六月間，從格陵蘭渡過史密斯海峽到加拿大，再北上甘迺迪海峽到格陵蘭最北端的摩里斯岬。但是第二期的三千公里之旅讓我耗盡心力，無意再做這麼大規模的訓練，於是以單獨滑雪橫渡西奧拉帕魯克和卡納克來代替。

五月二十八日永日那天，我把糧食和簡單的換洗衣物塞進登山小背包後出發。海冰已開始溶化，去卡納克必須繞路。嚴冬時七十五公里的距離現在要走一百公里左右。

結果，我滑到六、七十公里的地方時雪橇壞了，剩下的路程只好走路，到達卡納克的十八個小時行程中有十個小時是在走路。

途中遇到五、六輛狗拉雪橇。但我決定走下去，婉拒愛斯基摩人要載我一程的好意。他們呆呆地看著拖著雪橇踽踽獨行的我，滿臉不解。

遙遙望見卡納克村的時候，我的身體已像棉花般軟塌塌。我邊走邊打瞌睡，感覺像是艱苦的行軍。真是累癱了。早上九點抵達卡納克後，立刻衝進販賣所，大口灌飲果汁，吃些餅乾。

網捉水鳥

六月以後，岬邊的海面聚集許多動物。海豹、海象、海鷗等，其中最多的是一種酷似燕子的水鳥，也是愛斯基摩人塞在海豹肚子裡做成「奇維亞」的原料。

一入六月，西奧拉帕魯克的山岳地帶擠滿產卵的水鳥。從五月底開始，鳥的大合唱替代了鬧鐘。這鳥一飛來，村人便闔家大小帶著撈網跑到岬邊爬到山腰，撈捕貼著岩壁飛翔和躲在岩石後面的水鳥。就像用網子捉蝴蝶般，一天三個小時下來，就是生手也能輕鬆捕到四、五百隻。因此五、六月時愛斯基摩人的主食幾乎都是水鳥，生吃、煮熟吃，或是油煎來吃。

峽灣的海冰上形成淡水湖、氣溫也升高到零下十度的六月，夏天已經來訪，這時愛斯基摩人的服裝也從狐狸皮裘或馴鹿皮毛外套換成維尼綸布的夾克。

海冰上不能行駛狗拉雪橇時，卡利就殺掉冬天時工作不力的狗。十四隻狗中有四隻吊在木框架上。紅色的狗肉塞進愛斯基摩人的胃，狗皮則做成兒童靴子的襯裡。我也享受到一隻鹽醃的狗腿。吃進肚子總覺得怪怪的。

回顧這十個月來在西奧拉帕魯克的生活，是一連串艱苦同時也愉快的日子。烏帕那維克之旅太過漫長，害我不得不放棄加拿大之旅，是有點遺憾，但整體而言我仍然非常滿足。

獨闖毫無文明氣息的極北愛斯基摩部落、吃生肉、學會駕駛狗拉雪橇技術、在不見陽光的漆黑中駕著雪橇獨闖三千公里，都讓我感到十分滿足。尤其是三千公里的距離和我計畫中從羅斯海（Ross Sea）經過南極點到威德爾海（Weddell Sea）的距離相同。我在格陵蘭駕駛狗拉雪橇總共長達六千公里的經驗，對我的南極計畫幫助極大，雖然兩者之間有海冰和陸冰的差異。

再見，西奧拉帕魯克

六月二十六日，告別西奧拉帕魯克的日子終於到了。今天早上，伊努特索和娜托克趕來我家，幫我準備出發。娜托克哭了。但是我不能一直依賴他們住在這裡。

如果能夠，我真的很想帶他們離開這個冰封世界，到植物青綠繁茂、陽光燦爛的世界去。我想帶他們回日本，想讓他們看看我親生父母所在的日本鄉下。我望著含淚作別的養父母，真的好心酸。我真的想當他們的孩子嗎？我是不是在欺騙他們？這份感覺直到最後都無法抹去。

伊努特索說：「Naomi，你帶著這個阿亞嘎庫（海象牙做的玩具），在日本時也會想到我們。」

他那裂痕、皺紋滿布的手掌緊握我的手。我對娜托克說：「我明年還會回來，要好好活到那時候啊！」說著，脫下身上的羽毛衣和圍巾送給她。我分送咖啡杯給村裡的人，一個個感謝他們這些日子來的照顧。我給小孩子無花果乾，約好再見。不論何時何地，和親近的人分離總是難過。我要從圖勒基地搭飛機離開。

我揮鞭向狗拉雪橇。

孩子們追趕雪橇。

愛斯基摩人都揮著手。

再見，西奧拉帕魯克。再見，伊努特索。再見，娜托克、伊米那、卡利、安娜……。

我一定會回來。暫時再見了。

後記

成功攀登世界五大陸的最高峰後，我腦中縈繞不去單獨橫越南極大陸的夢想。為此，我在一九七一年夏天徒步縱走稚內—鹿兒島（三千公里，五十二天），因為我想實際用我這雙腳體驗一下三千公里的距離。一九七二年一、二月，我去面對南極威德爾海、位在菲爾契納冰棚（Filchner Ice Shelf）的貝爾格拉諾二世觀測站（阿根廷）偵察。這回，我又來到世界最北的部落，想在這裡實際磨練一些極地生活的能力，當然最大目的是讓身體適應氣候變化和學會狗拉雪橇技術。

回顧和愛斯基摩人共同生活的一年，再檢討我的南極計畫，說不上已做好萬全準備。的確，我到格陵蘭的目的雖然都已達成，但是南極方面還有許多不充分的要素。因此，在去南極之前，我又計畫從格陵蘭經過加拿大到阿拉斯加白令海的一萬公里雪橇旅行。

我心中的橫越南極還在作夢的階段。但我確信，當這一萬公里的雪橇計畫達成時，南極計畫也將從作夢階段跨入具體計畫階段。

許多人支援我的格陵蘭計畫，當我遇到困難時總是想起他們來激勵自己，在此，我由衷地向他們表達我深深的謝意。

附錄　植村直己年譜

一九四一年二月　十二日，生於兵庫縣城崎郡國府村（現為日高町）上鄉。
一九四七年四月　就讀府中小學。
一九五三年四月　就讀府中中學（現為日高東中學校）。課外活動參加排球社。
一九五六年四月　就讀兵庫縣立豐岡高等學校，一年級時和同學攀登蘇武岳。
一九五九年三月　豐岡高校畢業。
　　　　　四月　任職新日本運輸。
　　　　　五月　轉調東京兩國分店。一時放棄升學，但又悄悄準備升學考試，十個月後離職。
一九六〇年四月　就讀明治大學農學院農產製造系，參加登山社。
　　　　　五月　迎新訓練時初登北阿爾卑斯山白馬岳。

一九六三年三月　成為登山社次要領袖。為了增加考驗，在劍岳的春山訓練後，單獨縱走黑部溪谷的S字峽—仙人山—劍澤二股—梯谷乘越—真砂尾根—真砂岳—室堂—千壽原。

一九六四年三月　明治大學畢業。

五月　帶著在建築工地打工存下的四萬日圓搭乘阿根廷丸前往洛杉磯。在Mikado汽車旅館和福雷斯諾農場打工，因為沒有工作簽證，遭美國移民局遣送出境，十一月轉往法國。

十一月　嘗試攀登白朗峰，掉落冰河裂隙。年底，在瑪提尼的阿波里滑雪場工作。

一九六五年二月　參加明治大學哥尊巴康峰遠征隊。和雪巴人噴巴·登津一同攀登哥尊巴康第二峰。

一九六六年七月　單獨登上歐洲最高峰白朗峰、瑪塔荷倫峰。

十月　單獨登上非洲第二高峰肯亞山的雷那那峰（Mt. Lenana，四九八五公尺）、非洲最高峰吉力馬札羅山（五八九五公尺）。

一九六七年七月　參加國際阿爾卑斯山集會。

八月　初次踏上格陵蘭西海岸，在亞可布斯罕（Jakobshavn / Illulissat）勘查冰河。

十二月　離開居住三年的瑪提尼前往南美。

一九六八年一月　登上南美艾爾普拉達山。

二月　單獨登上南美最高峰阿空加瓜山。為無名峰命名為明治峰以紀念母校。

四月　從亞馬遜河源頭的由利馬古亞斯（Yurimaguas）出發，乘坐木筏下到六千公里外的河口馬卡帕，費時兩個月。之後，到阿拉斯加攀登北美最高峰麥金利山，未獲登山許可，只攀登聖福特峰即踏上歸途。

十月　返國。

一九六九年四月　擔任日本山岳協會聖母峰遠征隊第一次先遣隊員，試登南壁路線至海拔六三〇〇公尺處。再加入第二先遣隊，十月，攀登南壁至海拔八千公尺高度。隨後留在尼泊爾的庫鈞，寄居在噴巴．登津家裡過冬，加強高地訓練。

一九七〇年五月　二十一日，擔任日本山岳協會聖母峰遠征隊第一次攻頂隊員，與松浦輝夫同為第一個站上世界最高峰的日本人。

八月　單獨登上麥金利山，為世界第一個成功攀登五大陸最高峰者。

十二月　參加山學同志會的大朱拉斯北壁登山隊。這時開始有「我最後的夢想就是駕著狗拉雪橇單獨橫越南極大陸」的想法，開始收集南極的相關資料。

一九七一年一月　成功攀登大朱拉斯山北壁。成功攀登渥卡側稜第三峰。

二月　和伊藤禮造一起參加聖母峰南壁國際登山隊。但因內部糾紛解散，未能達成南壁登頂。

八月　三十日，從北海道稚內出發，徒步縱走日本列島三千公里。十月二十日，抵達鹿兒島。同年，出版處女作《賭青春於群山》。

一九七二年一月　前往南極的阿根廷屬貝爾格拉諾二世觀測站偵察。歸途中嘗試攀登高度落差三千公尺的阿空加瓜山南壁。

五月　視察格陵蘭東海岸的安馬沙利克。

九月　住進格陵蘭最北端的西奧拉帕魯克村，和愛斯基摩人共同生活。

一九七三年二月　四日，駕狗拉雪橇從西奧拉帕魯克出發，三月二十一日抵達烏帕那維克，再循著來時路於四月三十日返抵西奧拉帕魯克。成功完成三千公里的單獨雪橇之旅。

七月　返國。這時，在常去的豬排店邂逅野崎公子。

一九七四年二月　擔任明治大學爐邊會的喜馬拉雅山遠征偵察隊員，前往達拉吉麗（Dhaulagiri）山群北麓。

五月　一八日，與野崎公子結婚。

十一月　二十二日，從格陵蘭西海岸的克魁塔（Qeqertat）部落出發，展開北極圈一萬二千公里的單獨雪橇之旅。

一九七五年四月　五日，渡過史密斯海峽入境加拿大。

六月　十二日，抵達劍橋灣（Cambridge Bay），在安德森灣（Anderson Bay）過夏。

七月　獲得草野心平主宰的同人誌「歷程」第十三屆歷程賞。

十二月　十五日，自劍橋灣出發，前往阿拉斯加。

一九七六年三月　二十一日，入境美國。

五月　八日，抵達柯茲布（Kotzebue），結束漫長的雪橇之旅。

七月　登上高加索最高峰厄爾布魯士山（Mt. Elbrus，高五六四二公尺）。

一九七七年四月　勘查加拿大的雷索魯特（Resolute），作為前往北極點的參考。

一九七八年三月　五日，從哥倫比亞岬（Cape Columbia）出發，展開世界最初的北極點雪橇單獨行。

四月　二十九日，到達北極點。

五月　十二日，從摩里斯岬出發，展開雪橇縱走格陵蘭。

八月　二十二日，抵達格陵蘭南端的那諾塔利克（Nanortalik）。
九月　十日，母親老衰辭世。
十一月　九日，獲得第二十六屆菊池寬賞。
一九七九年二月　獲得英國的運動獎章，勇奪「世界最勇敢的運動員」稱號。
六月　應中國政府之邀訪問西藏拉薩。
十二月　前往尼泊爾勘查嚴冬期的聖母峰。
一九八〇年七月　遠征阿空加瓜山，為挑戰冬天的聖母峰作訓練準備。
八月　和松田研一、阿久津悅夫再度攀登嚴冬期的阿空加瓜山。
十月　擔任日本冬季聖母峰登山隊隊長，自日本出發。
一九八一年一月　冬季聖母峰登頂計畫在南坳口放棄。
十二月　為電視及雜誌採訪而訪問阿根廷，在南極大陸的馬蘭比歐觀測站滯留七天。
一九八二年一月　計畫攀登南極最高峰文森峰（Vinson Massif，五一四〇公尺），因爆發福克蘭島紛爭，未獲阿根廷軍方同意，只得放棄。
一九八三年三月　結束在南極一年的越冬生活，返國。
十月　就讀美加國境附近的明尼蘇答野外學校（Minnesota Outworld Bound School）。

一九八四年一月　前往安克拉治準備單獨攀登冬季的麥金利山。

二月　十二日下午六時五十分，成為世界首位冬季單獨登上麥金利山者。十三日上午十一時，與朝日電視的包機聯絡，告知登頂成功後即斷絕消息。

四月　獲國民榮譽賞。

十二月　阿拉斯加政府十二日簽發的「推定二月十六日在麥金利山遇難死亡」的死亡鑑定書送達日本。

一九九四年四月　日高町成立「植村直己冒險館」。

＊主要著作有《我把青春賭給山》（一九七一年，每日新聞社）、《北極圈一萬二千公里》（一九七六年，文藝春秋）、《北極心格陵蘭單獨行》（一九七八年，文藝春秋）等。

「探險與旅行經典文庫」007

極北直驅

極北に駆ける

作者　植村直己
譯者　陳寶蓮
封面設計　兒日
排版　張彩梅
校對　魏秋綢
策劃選書　詹宏志
總編輯　郭寶秀
編輯協力　廖佳華
行銷業務　許芷瑀

發行人　凃玉雲
出版　馬可孛羅文化
104台北市民生東路2段141號5樓
電話：886-2-25007696
發行　英屬蓋曼群島商家庭傳媒股份有限公司城邦分公司
104台北市中山區民生東路2段141號11樓
客服服務專線：（886）2-25007718；25007719
24小時傳真專線：（886）2-25001990；25001991
服務時間：週一至週五9:00～12:00；13:00～17:00
劃撥帳號：19863813 戶名：書虫股份有限公司
讀者服務信箱：service@readingclub.com.tw
香港發行所　城邦（香港）出版集團有限公司
香港灣仔駱克道193號東超商業中心1/F
電話：（852）25086231　傳真：（852）25789337
E-mail：hkcite@biznetvigator.com
馬新發行所　城邦（馬新）出版集團Cite (M) Sdn Bhd.
41-3, Jalan Radin Anum, Bandar Baru Sri Petaling,
57000 Kuala Lumpur, Malaysia.
電話：（603）90563833　傳真：（603）90576622
讀者服務信箱：services@cite.com.my
輸出印刷　中原造像股份有限公司
二版一刷　2021年3月
定　　價　380元

ISBN：978-986-5509-54-5（平裝）
城邦讀書花園
www.cite.com.tw

國家圖書館出版品預行編目（CIP）資料

極北直驅／植村直己著；陳寶蓮譯. -- 二版. --
臺北市：馬可孛羅文化出版：英屬蓋曼群島商家
庭傳媒股份有限公司城邦分公司發行, 2021.03
面；　公分--（探險與旅行經典文庫；7）
譯自：極北に駆ける
ISBN 978-986-5509-54-5（平裝）
1. 旅遊文學　2. 北極
778.9　　109019201